Silke Amthor

Einfach jünger aussehen

Die besten Anti-Aging-Tipps für perfektes Make-up, Frisur und Pflege

Inhaltsverzeichnis

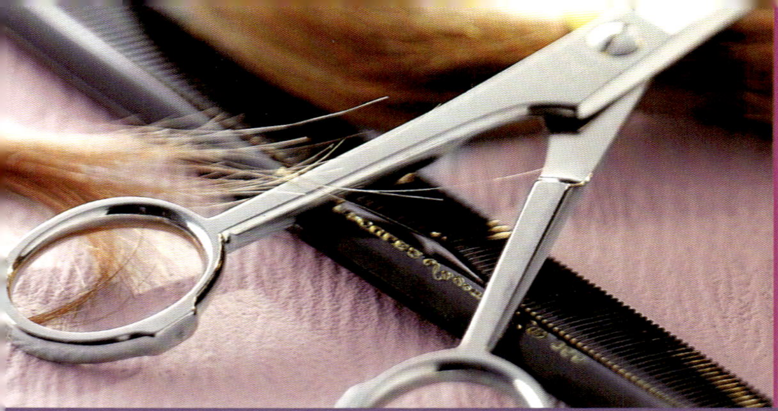

ZEITLOS SCHÖN

Die Situation ist eindeutig. **Lust auf ewige Jugend** hätten Sie auch. Wenn es nur nicht unmöglich erscheinen würde. Sicher, die Zeit vermögen Sie nicht zurückzudrehen. Aber was macht das schon? Mit den richtigen **Anti-Aging-Tipps** können Sie lange jung, fit und schön aussehen. **Garantiert!**

Wo bitte sind die tollen Frauen?

Noch in der Generation unserer Mütter war eine Frau mit 40, spätestens mit 50 alt. Heute ist das nicht mehr so klar definiert. Gut so. Denn auf diese Weise können Sie Ihr Leben selbst in die Hand nehmen und der Natur etwas nachhelfen. Der Kick fürs Ego lohnt sich.

Älter werden – na und?

Jungsein ist gefragt wie nie zuvor. Nur wer schlank, cellulitefrei, mit samtener Haut (selbstverständlich ohne Mitesser), hübschem Näschen, perlweißen Zähnen, straffem Busen, Bauch und Po ausgestattet und perfekt manikürt und pedikürt ist, so meint man, hat überhaupt noch eine Chance, als junge Frau zu gelten. Kein Wunder also, wenn sich Girlies ein Leben in faltiger Hülle schlichtweg nicht vorstellen können. Schon Panik kriegen, wenn die eine oder andere Partie im Gesicht nach einer langen Nacht etwas schlaff aussieht. Doch keine Angst! Sie müssen keinen verzweifelten Kampf gegen die Zeit führen oder gar niedergeschlagen kapitulieren. Sie können sich und Ihr Äußeres in Form halten, ohne Ihre ganze Hoffnung auf den Schönheitschirurgen zu setzen. Neue Cremes und Beauty-Techniken ohne Skalpell zeigen, dass ein klasse Aussehen keine Frage des Alters mehr ist.

DIE „GOLDEN GIRLS“

Menschen lassen sich nur zu gern in den Bann der Schönheit ziehen. Und nicht nur von jener, die blutjunge Models auf den Laufstegen dieser Welt zur Schau tragen. Das hat die Kosmetikindustrie verstanden und setzt bei ihren Anzeigenkampagnen zu Anti-Aging-Produkten immer häufiger auf Frauen, denen eine gewisse Lebensfülle nicht abzusprechen ist. Und das mit großen Erfolg. Jeder schaute hin, als das Beauty-Haus Marbert mit Hannelore Elsner eine dynamische, sehr attraktive Fünfzigjährige präsentierte; nicht anders ergeht es einem bei Senta Berger, die ihr schönes klassisches Gesicht für eine Anti-Falten-Creme von Eucerin strahlend in die Kamera hält. Und das amerikanische Schönheitsunternehmen Estée Lauder lancierte eine Young-Creme mit dem ehemaligen Supermodel Karen Graham, die bereits von 1970 bis 1985 auf vielen Lauder-Anzeigen zu sehen war. Karen Graham hat von dem neuen Trend zu älteren Frauen profitiert: „Mich befriedigt die Tatsache, dass anerkannt wird, wie schön, vital und aktiv die neuen Power-Frauen sind, auch wenn sie älter werden.“

DIE UHR TICKT SCHON FRÜH

Hätten Sie das gedacht: Schon ab dem 20. Lebensjahr altert die Haut. Nicht sensationell schnell, aber doch so augenfällig, dass der eine oder andere Gedanke an diese Tatsache lohnt. Hautalterung, so hat man in Studien festgestellt, beginnt als Fältchenbildung auf der Stirn und um die Augen herum (Augenringe inklusive), und zwar bei den meisten Frauen schon vor dem 29. Lebensjahr. Interessant ist auch die folgende Erkenntnis: Die meisten Frauen um die 30 herum entsprechen mit ihrem Aussehen nicht ihrem tatsächlichen Alter. Entweder sie wirken jünger oder aber wesentlich älter.

DIE HAUT IM ZEITRAFFER

Jedes Alter hinterlässt seine ganz spezifischen Spuren auf der Haut. Man muss sie nur richtig zu deuten wissen:

–

30+

Was passiert: Die Haut produziert 30 Prozent weniger Fett, die elastischen Fasern fangen an auszuleiern. Zudem beginnt die Trockenzeit, weil die Haut an Feuchtigkeit verliert. Die Zellteilung wird langsamer – statt 28 dauert es jetzt 40 Tage, bis sich die oberste Hautschicht erneuert hat.

Die Hautzeichen: Augenringe, wenn die Nächte zu lang waren, feine Fältchen rund um die Augen, diffuse Gesichtsrötungen, Falten auf der Stirn. Manchmal gibt es auch einen Vorteil: weniger Hautunreinheiten.

–

40+

Was passiert: Die Haut wird deutlich trockener, weil rund 20 Prozent weniger Talgdrüsen als noch mit 30 vorhanden sind. Die Zellteilung wird träger, die Durchblutung und Sauerstoffversorgung schlechter. Die Anzahl der Haarwurzeln und die Pigmentzellen der Haare nehmen ab, die Haare werden dünner und können einen Grauton bekommen.

Die Hautzeichen: Falten unter den Augen, ausgeprägte Nasolabial-Falten, Tränensäcke, Oberlippenfältchen, Knitterfältchen am Dekolleté, Zunahme an Couperose (also an roten Äderchen).

–

50+

Was passiert: Durch die nachlassende Östrogenproduktion (bis zu 75 Prozent!) wird die Haut dünner, trockener und empfindlicher. Die Schweiß- und Talgdrüsen arbeiten nicht mehr auf Hochtouren.

INFO

Die Hauptfeinde der Haut

- **Sonne:** Sie ist mit Abstand der Hautfeind Nr. 1. Denn die Haut vergisst nicht einen einzigen Sonnenstrahl. Die langwelligen UVA-Strahlen treffen auf das Bindegewebe und schädigen die kollagenen und elastischen Fasern. Das UVB-Licht bräunt zwar schön, schädigt jedoch die Zellkerne in der Oberhaut. Beide Strahlungsarten können Hautkrebs verursachen.
- **Rauchen:** Durch Nikotin gedeihen Unmengen an freien Radikalen, die den Hautzellen den Krieg erklären. Folge: Die Bindegewebsfasern leiern aus, die Blutgefäße verengen sich. Die Haut wird schlechter durchblutet und dadurch mit weniger Nährstoffen versorgt, sieht schnell faltig, grau und fahl aus.

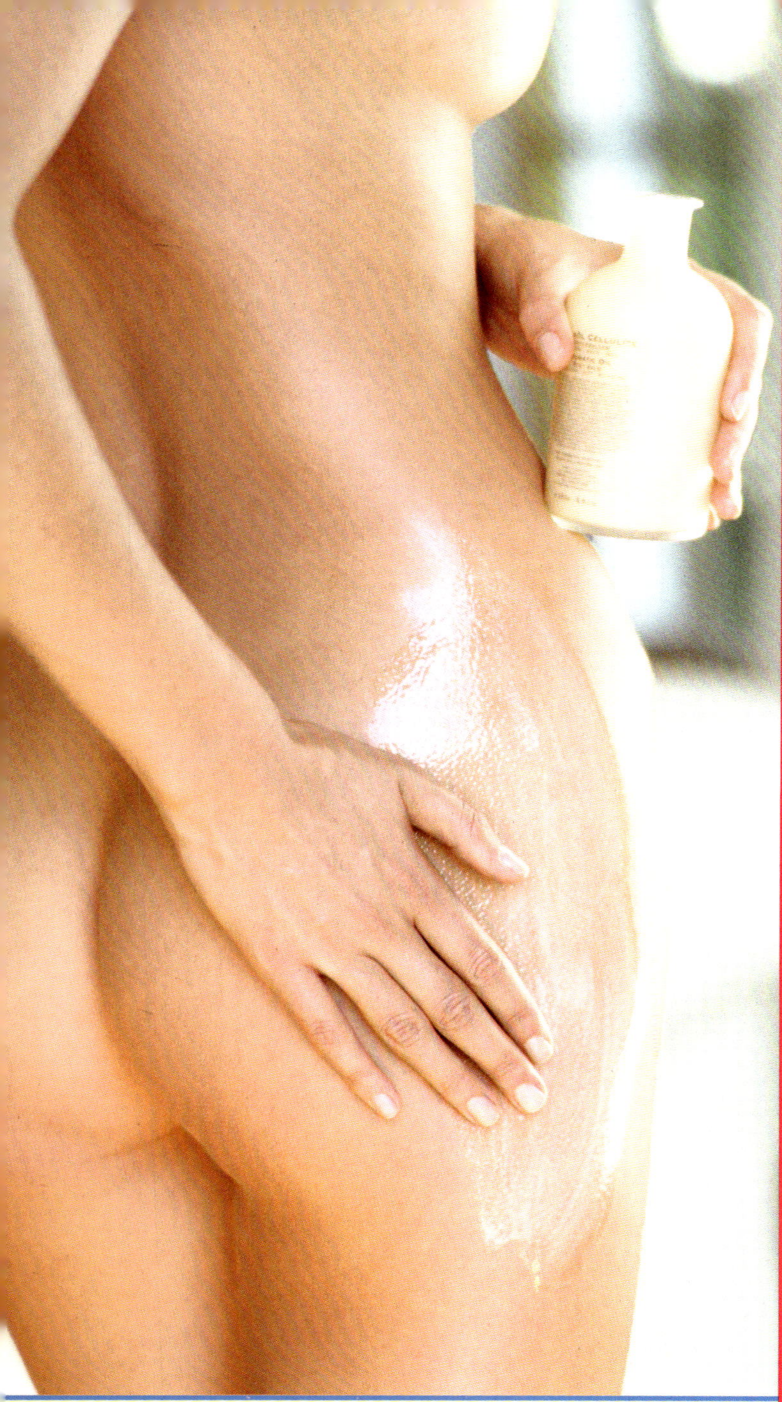

Topp – die Wette gilt: Mit der richtigen Pflege können Sie die Anzeichen der Hautalterung sichtbar glätten.

Die Hautzeichen: Alters- und Pigmentflecken im Gesicht und auf den Händen, beginnendes Doppelkinn, Krähenfüße um die Augen, die Gesichtskonturen werden schlaffer, das gesamte Gesicht wirkt faltiger und schmaler, am Hals entstehen die ersten Falten.

WARUM ALTERT DIE HAUT?

Es sind zwei Ursachen, die unsere Haut überhaupt altern lassen: die Gene und die Umwelteinflüsse. Das genetische Programm, also die chronologische Hautalterung, ist uns leider in die Wiege gelegt. Dabei liegt die höchste Lebenserwartung eines Menschen momentan bei rund 120 Jahren. Im Laufe des Lebens macht unser Körper genau festgelegte Prozesse durch – etwa den Abbau von Kollagenfasern oder die Reduzierung der Östrogenproduktion. Das chronologische Altern trifft vor allem die unter der Oberhaut gelegene Dermis (Lederhaut), in der die elastischen und kollagenen Fasern sowie Blutgefäße, Nerven, Haarwurzeln und Drüsen sitzen. Die Hautalterung durch Umweltfaktoren dagegen lässt sich sehr wohl beeinflussen. Zu 80 Prozent ist die Umweltalterung nämlich durch das Licht bedingt, Photo-Aging nennen Wissenschaftler diesen Prozess. Hinzu kommen Luftschadstoffe, Schwermetalle und Klimaanlagen. Auch eine falsche Ernährung kann einen Grund abgeben. Hier eine Suppe aus der Dose, dort eine Tiefkühlpizza – das schmeckt der Haut gar nicht. Denn sie will gut versorgt sein – mit Vitaminen, Mineralstoffen und Spurenelementen. Besonders problematisch sind Crash-Diäten à la „Eier-Tage". Macht man das häufig, entzieht man der Haut wichtige Nährstoffe; nimmt man zu schnell und radikal ab, kommt das Bindegewebe nicht nach, die Haut wird schlaff.

STRESS FÜR DIE ZELLEN

Doch warum sind all diese Einflüsse eigentlich so schädlich und beschleunigen die Hautalterung? Weil durch sie so genannter oxidativer Stress entsteht, jene Unmenge von aggressiven schädlichen Sauerstoffmolekülen, auch als freie Radikale bekannt, die auf der Hautoberfläche erzeugt werden, wenn UV-Licht und Schadstoffe auf die Haut stoßen. Sie dringen in die tieferen Hautschichten vor und greifen die Kraftwerke der Zellen, die Mitochondrien, an, rauben ihnen Sauerstoff, den diese für die Umwandlung der Nährstoffe brauchen. Folge: Die Haut wird schlechter versorgt, sieht müde, schlaff und grau aus. Freie Radikale zerstören außerdem die Bausteine der Zellmembran (Lipide) und nehmen den Zellen so ihre Widerstandskraft. Zudem greifen sie auch das Erbgut (DNS) an, so dass beispielsweise Schäden, die man sich durch zu viel Sonne eingehandelt hat, bei jeder Zellteilung weitergereicht werden. Das führt zu einer Zerstörung der elastischen und kollagenen Fasern und schlimmstenfalls zu Hautkrebs. Auch der eigene innere wie äußere Stress kann uns buchstäblich alt aussehen lassen. Er wirkt negativ auf das Immunsystem ein und unterstützt auf diese Weise ebenfalls die Bildung freier Radikale. Die Haut wird unter Individual-Stress schlecht durchblutet, reagiert oftmals mit Rötungen. In besonders schwierigen Fällen sogar mit Ekzemen und Schuppenflechte.

DREI ALTERSTHEORIEN

Wissenschaftler haben in den letzten Jahren immer größere Teile des menschlichen Genoms, also des gesamten Aufbaus unserer Erbanlagen, entschlüsselt. In diesem Zusammenhang versuchen neueste Theorien zu erklären, warum wir das Altern und den Prozess der Gewebedegeneration nicht aufhalten können:

COUNT-DOWN IN DER ZELLE

Bei jeder Teilung muss die Zelle ihr Erbgut, das in den Chromosomen gebündelt ist, absolut identisch verdoppeln. Dabei spielen Telomere, die als Endstücke an den Chromosomen sitzen, eine große Rolle. Sie verkürzen sich bei jeder Zellteilung und zeigen gleich einem Messinstrument an, wie oft sich eine Zelle schon geteilt hat. Nach der Theorie des amerikanischen Biologen Leonard Hayflick stirbt eine Zelle dann, wenn die Telomere aufgebraucht sind. Hautzellen können sich zwar bis ins hohe Alter erneuern, aber letztendlich ist auch ihre Lebensdauer begrenzt.

DIE ALTERUNGSUHR

Im Zwischenhirn sitzt der so genannte Hypothalamus, ein Organ des Nervensystems, der zusammen mit der Hirnanhangdrüse die Funktionen aller Organe, das Wachstum und die Entwicklung des gesamten Organismus, den Stoffwechsel und den Wasserhaushalt steuert. Hormone fungieren dabei als Botenstoffe. Mit den Jahren, so die These dieser Forschungsrichtung, lässt die Funktionsfähigkeit des Hypothalamus nach, seine Uhr läuft langsam ab – wir altern. Äußere Einflüsse wie Stress, Nahrung oder Medikamente wirken auf diesen Prozess zudem negativ ein. Ebenso das Photo-Aging, die vorzeitige Hautalterung, die durch zu langes „Baden“ im ultravioletten Sonnenlicht erfolgt. Fällt dies mit der normalen Hautalterung zusammen, wird der gesamte Alterungsprozess der Haut beschleunigt.

ACHTUNG, FEHLER!

Viele Forscher gehen von der Annahme aus, dass die Fehler im Erbgut, die im Laufe des Lebens durch Umwelteinflüsse oder Krankheiten entstehen, stetig weitergegeben werden. Ab einem bestimmten Punkt, so meinen sie, ist die Zahl der Fehlfunktionen nicht mehr zu reparieren – der Mensch stirbt dann.

MAKE-UP & MEHR

Das eigene Gesicht zu verändern ist eine einzige Verlockung – wenigstens für Frauen. Sie können mit Puder und Farbe Pluspunkte im Gesicht wunderbar hervorheben und kleine Schwachstellen einfach unsichtbar machen. Dazu müssen Sie nur das Geheimnis kennen, sich mit den richtigen Schminktricks perfekt in Szene zu setzen.

Wundersame Verwandlung

Make-up ist in einer Zeit des Makellosigkeitskults ein hervorragender Verbündeter. Es kann beeindruckend viel – zum Beispiel Sie sogar nach einem stressigen Tag noch herrlich erholt aussehen lassen. Die neuesten High-Tech-Raffinessen sind Verführung pur.

FARBEN OHNE TONSTÖRUNG

Bei Michelle Pfeiffer schimmert er eher gelblich, bei Hannelore Elsner tendiert er zu einem Oliventon und bei Iris Berben zeigt er eine rosige Variante: Teint ist eben nicht gleich Teint. Wichtig ist es, die Farbe des Make-ups auf den Hautton abzustimmen. Frauen mit einem tendenziell gelblichen oder elfenbeinfarbenen Teint sollten wärmere Beigesand-Nuancen verwenden, Frauen mit rosig reflektierender Gesichtsfarbe eher zu kühleren Make-up-Tönen wie Pfirsich oder Beigerosé greifen. Auf einigen Grundierungen und Puderdosen finden Sie Buchstaben, die Ihnen die Farbauswahl erleichtern: So weist ein „N" auf neutrale Schattierungen hin, die jedem Teint passen, „C" steht für kühle Töne und „W" ist ein Hinweis für warme Nuancen. Die Zeiten, in denen die Gefahr bestand, als überpuderte Puppe oder übermalte Kriegerin zu gelten, sind nun endgültig vorbei.

EINFACH COOL

Sie leiden nicht nur im Sommer unter plötzlichen Schweißausbrüchen, die zu allem Unglück auch noch das Gesicht wie ein rotes Warnsignal leuchten lassen? Dann sollten Sie die neuen Make-up-Produkte mit eingebautem Kühleffekt testen. Ihr Geheimnis: Sie sind auf Wasserbasis hergestellt, verdunsten beim Auftragen auf der Haut und geben so ein frisches Gefühl.

UND HÄLT UND HÄLT UND ...

Kennen Sie den klassischen Shopping-Alptraum? Da probiert man in einer exklusiven Boutique diesen tollen cremefarbenen Pullover, natürlich aus Kaschmir – und beim Ausziehen sitzt das Make-up plötzlich am Ausschnitt des teuren Stücks. Das kann Ihnen künftig nicht mehr passieren, wenn Sie ein besonders haltbares Make-up benutzen. Auch bei längeren Job-Meetings, Dates und anderen, intimeren Angelegenheiten sind sie von großem Vorteil. Damit diese Make-ups nicht zum falschen Zeitpunkt „verrutschen", halten Silikone oder Nylonteilchen die einzelnen Farbpigmente wie in einem hauchfeinen Netz zusammen und sorgen dafür, dass sie nicht so leicht von der Haut flüchten können. Wichtig bei den extrem haltbaren Make-ups: Sehr zügig mit den Fingern auf dem Gesicht verteilen und möglichst nur eine Schicht Farbe auftragen, weil sich eine zweite aufgrund der Inhaltsstoffe schlecht verteilen lässt.

KÜSS MICH, BABY!

Die meisten Lippenstifte sitzen nach kürzester Zeit auf Tassen- oder Gläserrändern, manchmal auch an seinem Kragen. Schluss damit, denn es gibt Lippenstifte, die (nahezu) kussecht sind. Ein Cappuccino, ein Glas Wein oder auch ein herzhafter Biss in den Apfel können der Lippenfarbe nichts mehr anhaben. Lediglich wenn Sie einen Teller Spaghetti Agli'olio oder eine Mousse au Chocolat verspeisen, kapitulieren auch die kussfesten Lipsticks, denn sie sind leider fettlöslich. Aber immerhin: Ein junger Mund mag lippenstiftverschmiert oder nur mit Teilfarbe versehen noch ganz sexy aussehen, in späteren Jahren ist bei jedem Lächeln eine perfekte Lippenmalerei ein unbedingtes Must. Und die Möglichkeit dazu ist nun gegeben. Problem: Die Lippenstifte mit Haltegarantie trocknen die Lippen immer etwas aus (das liegt an dem wasserfesten Film, der die Farbschicht kontrolliert). Deshalb am besten nur in entscheidenden Situationen auftragen; hinterher die Lippen mit einer fettreichen Pflege verwöhnen.

MAGIC MAKE-UP

Traumhafte Vorstellung: Make-up, das Fältchen wegzaubert, den Teint frischer aussehen lässt, Schwellungen und Unregelmäßigkeiten einfach verschwinden lässt. Das gibt's wirklich: Neue Foundations arbeiten beispielsweise mit speziellen Pigmenten, die nur die roséfarbenen Komponenten des Lichts reflektieren. Dadurch werden fahle Gelbtöne des Teints ausgeglichen, insgesamt sieht er strahlender aus. Auch toll: Make-ups mit holografischen Eigenschaften. Dreidimensionale Pigmente lassen den Teint fast makellos erscheinen. Wenn Sie morgens bei grellem Tageslicht genauso gut aussehen möchten wie abends bei schmeichelndem Kerzenschein, dann sollten Sie ein Make-up mit lichtsensiblen Pigmenten verwenden. Diese Illuminationskünstler können je nach den gegebenen Lichtverhältnissen leicht nachdunkeln oder heller werden und lassen so die Haut immer perfekt aussehen. Wenn die Haut zum Glänzen neigt, sind ölfreie Make-ups ideal. Sie mattieren mit Milchproteinen.

Mit einem kussechten Lippenstift können Sie sich ein Glas Wein gönnen und aufs Nachschminken verzichten.

Die Top 8 der

Beauty-Utensilien

Make-up-Schwämmchen

Wenn Sie Ihr Make-up besonders haltbar und dennoch hauchfein auftragen möchten, sind Schminkschwämmchen unverzichtbar. Sie bestehen aus Silikonkautschuk und haben meist eine ganz feine Oberfläche. Es gibt sie in den unterschiedlichsten Formen. Anwendung: Etwas Make-up auf den Handrücken geben, eine kleine Menge mit dem angefeuchteten Schwamm aufnehmen. Mit gleichmäßigen Tupfern in die Haut „einarbeiten".

Puderpinsel

Puderpinsel sind unter den Beauty-Pinseln die großen Stars. Die langen Borsten sind perfekt dafür geeignet, losen Puder ohne große Komplikationen aufzutragen. Dabei können sie nicht nur glänzende Nasen mattieren, mit dem Schminkpinsel lässt sich auch wundervoll das Gesicht modellieren und die Foundation fixieren. Übrigens: Gute Pinsel halten lange, wenn man sie einmal im Monat mit mildem Shampoo auswäscht.

Die Top 8 der

Wimpernzange

Eine tolle Erfindung, die selbst ganz kurzen Wimpern Aufwärtstrend und damit dem ganzen Auge mehr Ausstrahlung verleiht. Wimpernzangen gibt es aus Metall oder Plastik. Zur Anwendung die Zange möglichst nah am Wimpernrand ansetzen, zusammendrücken und kurz warten. Schon ist ein verführerischer Augenaufschlag unabwendbar. Wichtig: Zange vor dem Tuschen verwenden, getuschte Wimpern sind zu steif und können abbrechen.

Wimpern- und Brauenkämmchen

Dieses Kombiwerkzeug hat auf der einen Seite ein Kämmchen zum Trennen der Wimpern nach dem Tuschen, auf der anderen ein feines Bürstchen, um störrische Brauen in Form zu bringen. Das Wimpernkämmchen sollte man sofort nach dem Tuschen verwenden, wenn die Mascara noch feucht ist. Ein Tipp für die Brauen: Bürstchen mit etwas Haarspray oder Haarlack besprühen und dann den Brauen den richtigen Schwung geben.

Beauty-Utensilien

Kosmetiktücher

Ein Must im Badezimmer: Mit diesem Allround-Talent kann man Fettglanz vom Gesicht tupfen, überschüssige Cremereste aufsaugen und auch ein Zuviel an Farbe von den Lippen holen. Einfach ein Tuch zwischen die Lippen halten, kurz zusammenpressen, schon sitzt der Überschuss im Papier. Wer sehr empfindliche oder zu Entzündungen neigende Haut hat, kann Kosmetiktücher auch anstelle des Handtuchs verwenden.

Pinzette

Wenn es bei den Augenbrauen etwas zu zupfen gibt, dann ist der Griff nach einer Pinzette unerlässlich. Aber bitte nicht unkontrolliert ausrupfen. Augenbrauen rahmen die Augen ein und bestimmen den Ausdruck des gesamten Gesichts. Es gibt diverse Pinzetten, Anfängerinnen kommen meist mit einer abgeschrägten Schaufel am besten klar. Brauen sollten immer einzeln in Wuchsrichtung ausgezupft werden.

Wattestäbchen

Wattestäbchen sind echte Multitalente fürs Make-up. Man kann damit Nagellackpatzer korrigieren, kleine Ausrutscher beim Augen-Make-up ungeschehen machen oder übermalte Lippen wieder in Normalform bringen. Bei unerwünschten Mascaraspuren hilft ein Profitrick: Wattestäbchen in etwas Make-up rollen und dann die dunklen Schlieren entfernen. So wischen Sie nicht das restliche Make-up weg.

Vergrößerungs-spiegel

Was nützen die tollsten Make-up-Produkte, wenn sie nicht perfekt aufgetragen sind? Das kann mit einem Vergrößerungsspiegel, am besten im Tageslicht aufgehängt, nicht passieren. Er zeigt gnadenlos, wo die Foundation noch streifig ist, hilft beim Schminken von geraden Lidstrichen und erleichtert das korrekte Zupfen der Augenbrauen. Am besten noch ein Mini-Exemplar für die Handtasche besorgen.

Ein strahlend schöner Teint braucht die richtige Foundation. Erst den Ton auswählen, dann auftragen, und fertig!

Make-up: Die Cover-Story

Am schönsten ist ein Make-up dann, wenn die Haut makellos wirkt und niemand auf die Idee kommt, man hätte der Natur auf die Sprünge geholfen. Zwar will man nicht jung um jeden Preis aussehen, aber ein Leben in faltiger Haut und mit vielen unschönen Pigmentflecken sollte man auch nicht voreilig akzeptieren. Weniger schön, für das Äußere wie für das Innere, wird es dann nur, wenn man unter dem Gedanken des Älterwerdens leidet. Doch keine Angst! Moderne Grundierungen wirken wie ein High-Tech-Schutzschild für die Haut. Außerdem sind sie Meister im Pflegen und arbeiten so effektvoll wie ein Bügeleisen.

VITAL: GETÖNTE TAGESCREME

Wenn Ihre Haut eigentlich gleichmäßig aussieht, keine Pigmentflecken hat oder Sie viel Sport treiben, sind getönte Tagescremes ideal. Sie enthalten weniger Pigmente als ein Make-up, legen daher nur einen transparenten Farbfilm aufs Gesicht, der Sie einfach frischer aussehen lässt. Eine getönte Tagescreme wird direkt aufs gereinigte Gesicht gegeben. Neben etwas Farbe steckt meist noch jede Menge Pflege in der Tube, die Ihren Lachfältchen glatten Charme verleiht. Nehmen Sie eine getönte Creme, die einen Lichtschutzfilter (ab LSF 10) enthält, so bewahren Sie Ihre Haut gleich vor neuen Falten.

SUPER: KOMPAKT-MAKE-UPS

Wenn Sie sich bislang nicht an ein Make-up herangetraut haben, dann sollten Sie mal Bekanntschaft mit einem so genannten Kompakt-Make-up machen. Diese Mixtur aus

Puder und Make-up lässt sich wirklich ganz einfach und unkompliziert auftragen, am besten mit einem Schwämmchen (trocken oder angefeuchtet) hauchdünn über das Gesicht verteilen, fertig. Die Haut wirkt sofort mattiert. Kompakt-Make-ups gibt es vorwiegend in zwei Konsistenzen: Die pudrigere Variante eignet sich für normale oder Mischhaut; wer einen trockenen Teint hat, sollte die cremigere Version ausprobieren. Hinweis für „Golden Girls“: öfter in den Spiegel schauen, um das Make-up zu überprüfen.

GENIAL: ANTI-AGING-MAKE-UPS

Es gibt sie tatsächlich: Make-ups, die die Haut jünger aussehen lassen. Möglich machen es High-Tech-Wirkstoffe wie lichtzerstreuende Partikelchen, die Fältchen optisch glätten, oder „schwebende“ Pigmente, die sich gar nicht erst in den Untiefen absetzen können. Zusätzlich sind häufig Lichtschutzfaktoren und Radikalfänger eingebaut, um neuen Plissierungen vorzubeugen. Besonders interessant: Wirkstoffe, die die Produktion körpereigener Glattmacher (Hyaluronsäure, Kollagene und Lipide) wieder ankurbeln – hier liegt sozusagen eine Art Hilfe zur Selbsthilfe vor.

SCHLEIERHAFT: LIGHT-MAKE-UPS

Manche Frauen bekommen schon beim Wort „Make-up“ beklemmende Gefühle. Falls Sie tatsächlich die üblichen Grundierungen als zu schwer empfinden, sollten Sie ein Light-Make-up ausprobieren. Es hat eine ultraleichte Gel-Creme-Konsistenz, die sich auf der Haut in einen pudrigen, superelastischen Farbschleier verwandelt, der wie eine Feder auf der Haut liegt und sie lebendig erscheinen lässt.

TIPP

Achtung, Fehler!

Tipps für ein schönes Make-up:

- Bei reiferer Haut gilt grundsätzlich: Weniger ist mehr.
- Wenn Sie ein neues Make-up kaufen, testen Sie es unbedingt bei Tageslicht. Checken Sie die Farbe da, wo sie hingehört: im Gesicht.
- Make-up soll den Teint egalisieren, aber nicht bräunen. Kaufen Sie lieber eine Nuance heller als dunkler. Denken Sie dran: Dunkle Töne machen älter.
- Ränder unter den Augen bringen Sie mit einem cremigen Abdeckprodukt zum Verschwinden. Ein mattes Produkt kann auf trockener Haut spannen. Ist es zu flüssig, „sammelt“ es sich in den winzigen Linien.

Puder: Fein aufgelegt

Puder und Rouge sind die perfekte Ergänzung zur Make-up-Grundierung. Sie mattieren die Haut, bringen einen Hauch Frische auf den Teint und modellieren das Gesicht. Ganz im Stile von Hollywoods Glamour-Frauen.

LOSER PUDER

Eine leichtere Foundation gibt es kaum: Loser Puder ist der krönende Abschluss eines schönen Make-ups. Er lässt den Teint noch zarter erscheinen, wirkt wie ein Weichzeichner auf die Konturen. Einen schöneren Schmelz können Sie nicht auf Ihr Gesicht zaubern. Zudem fixieren die schmetterlingsgleichen Partikelchen jedes Make-up, es hält merklich länger. Falls erforderlich, können Sie damit auch eine zu heftige Rouge- oder Lidschattenfarbe aufhellen. Folgende Varianten gibt es:

FARBPUDER

Es gibt ihn in verschiedenen gelblichen und roséstichigen Beigenuancen sowie in Bleu, Pfirsich, Mint oder Flieder. Die natürlichen Beigetöne sollten immer eine Nuance heller sein als die Grundierung; jedoch nicht mehr, weil das Gesicht sonst kalkig wirken kann. Denken Sie daran: Puder soll man nicht sehen, sondern nur seine Wirkung bewundern. Farbige Partikel können magische Effekte auslösen: Ein Mintton kaschiert Rötungen, ein Fliederton lenkt von einem müden Teint ab, Apricot peppt Bräune auf und Pfirsichrosa lässt Blässe verschwinden.

TERRACOTTA- & GLANZPUDER

Ein Auftritt der besonderen Art: Glänzende Puder in Kupfer, Gold oder Perlmutt eignen sich besonders, um Highlights auf den Lidern zu setzen. Auch schön für abends: Einen Tupfer Glanz auf die Mitte der Oberlippe geben, das macht sie plastischer und schimmert verführerisch. Terracottapuder sind dagegen ein natürlicher Rougeersatz. Bedenken Sie aber: Beide Pudervarianten betonen Unebenheiten auf der Haut.

TRANSPARENTPUDER

Sie sehen besonders schön auf heller, ebenmäßiger Haut aus. Achtung: Nicht auf die gebräunte Haut auftragen, denn Transparentpuder lässt sie leicht grau und scheckig wirken.

KOMPAKTPUDER

Ideal für unterwegs, weil sie nicht die Handtasche vollstauben können. Kompaktpuder sind gepresste Puder, die mit einer Quaste in rotierenden Bewegungen aufgetupft werden. Doch nicht zu nah an die Augen damit gehen, sie heben die kleinen Fältchen in dieser Region besonders hervor.

PUDERPAPIER

Eine superpraktische und vor allem sehr hygienische Erfindung: seidenpapierähnliche Blättchen, die mit etwas Puder beschichtet sind. Wenn die Haut glänzt, tupft man einfach mit einem Puderpapier über die Haut – sofort ist der Teint schön mattiert.

PUDERROUGE

Als Faustregel gilt: Puderrouge gehört nur auf die abgepuderte Haut, sonst riskieren Sie ein fleckiges Gesicht. Es ist die Rouge-Variante, die am natürlichsten aussieht und mit etwas Übung auch ganz leicht aufzutragen ist.

Nichts leichter als das: Mit einem Hauch von Rouge erleben auch müde erscheinende Gesichter Sternstunden.

CREMEROUGE

Cremerouge ist ideal, wenn Sie es auf ungeschminkter Haut verwenden wollen oder nur eine getönte Tagescreme tragen. Es wird mit dem Finger auf die Wangenpartie getupft und gut verrieben, so dass keine harten Übergänge zu erkennen sind. Die sehen vielleicht an Models toll aus, sind aber ab einem bestimmten Alter indiskutabel.

FLÜSSIGES ROUGE

Falls Sie lediglich den Effekt einer zarten Errötung auf den Wangen mögen, das Gesicht aber nicht modellieren wollen, dann sollten Sie zu Flüssigrouge greifen. Es enthält wenig Farbpigmente in einer wässrigen Lösung und muss zügig mit den Fingern auf den Wangen verteilt werden, weil es sonst leicht streifig wirkt.

INTERVIEW

Bloß nicht rot werden!

Interview mit Elke Pflips, Visagistin aus München, die für alle großen Frauenzeitschriften schminkt.

Wie platziere ich Rouge eigentlich richtig?

Elke Pflips: Da gibt es einen einfachen Trick: Lächeln Sie Ihrem Spiegelbild zu, ruhig ein wenig übertrieben. Bei diesem Grinsen tritt das „Äpfelchen", der prallste Punkt auf den Wangen, deutlich hervor. Hier sollten Sie Ihren Rougepinsel ansetzen und die Farbe schräg nach oben in Richtung der Schläfen ziehen.

Müssen Rouge und Lippenstift farblich passen?

Sie müssen zwar nicht exakt den gleichen Farbton haben, sollten aber wenigstens aus einer Farbfamilie stammen, also entweder aus dem warmen Bereich der gelblichen Orangebrauntöne oder aus dem kühlen Bereich der blaustichigen Rosé-Pink-Nuancen.

Welche Rougetöne sind für „Golden Girls" besonders tragbar, welche halten Sie für heikel?

Besonders natürlich sehen Töne der Braunskala von Terracotta, Braunrot oder Amber aus. Aber auch gelblich orientierte Farben wie Lachs, Koralle oder Ziegelrot schmeicheln dem Teint. Für schwierig halte ich blaustichige Rotnuancen wie Pink, Fuchsia, aber auch kräftige Rottöne – sie wirken künstlich.

Darf nicht fehlen – Mascara vergrößert die Augen und gibt den Wimpern den richtigen Schwung.

Ideal, um kleine Lidfältchen zu verdecken – pudriger Lidschatten in matten Farben.

Lider: Augenblick mal!

Schöne, ausdrucksvoll geschminkte Augen können das ganze Gesicht beleben und beim Gegenüber jeden Gedanken ans Alter zunichte machen. Denken Sie nur an die blitzenden Augen einer Jerry Hall oder einer Meryl Streep.

CREMELIDSCHATTEN

Gibt's matt oder glänzend zu kaufen. Vermeiden Sie aber möglichst Glimmerlidschatten in auffallenden Farben, denn wenn Ihre Augenlider nicht mehr ganz taufrisch sind, heben sie die kleinsten Unebenheiten hervor oder laufen in der größer gewordenen Lidfalte zu einer dicken Schicht zusammen.

PUDERLIDSCHATTEN

Wird ebenfalls in matten oder glänzenden Tönen angeboten. Puderlidschatten wird normalerweise trocken aufgetragen, bestimmte Produkte lassen sich für einen stärkeren Effekt auch feucht auflegen. Puderlidschatten ist ideal, wenn Sie kleine Fältchen auf den Oberlidern haben, da er sich nicht so schnell wie Cremelidschatten in den feinen Linien absetzt.

KAJAL

Manche Farben haben es in sich: Ein reines Schwarz kann ab einem bestimmten Alter sehr hart wirken. Wählen Sie besser Braun- oder Grautöne und fügen Sie hinterher etwas Schwarz hinzu, um die Farbwirkung zu intensivieren. Wichtig: Die Stifte sollten so weich sein, dass man damit ohne großen Druck eine feine Linie zeichnen kann.

EYELINER

Gibts in flüssiger Form in kleinen Phiolen mit integriertem Pinsel oder als Stift mit Pinselspitze. Beide Produkte sind nicht ganz einfach in der Anwendung, da die Pinsel oft zu weich, zu lang oder zu hart sind, um damit als Laie eine exakte Linie zu ziehen. Eyeliner-Einsteiger sollten besser mit einem gut gespitzten Augenkonturen-Stift arbeiten.

MASCARA

Wimperntuschen sind ideal, um den Augen im Nu mehr Ausdruck zu verleihen:

VOLUMEN-MASCARA

Wer mag keine vollen Wimpern? Pump-up-Mascaras enthalten spezielle „Bodybuilder", also Stoffe, die sich um jede einzelne Wimper legen und so mehr Fülle erzeugen. Aber Achtung: Sie klumpen leicht auf den Wimpern. Deshalb vor Gebrauch des Bürstchen in einem Kosmetiktuch abstreifen.

NORMALE MASCARA

Ideal, um den Augen im Nu ein wenig mehr Ausdruck zu verleihen. Lässt sich leicht in drei, vier Schichten auftragen, verwischt allerdings in Kontakt mit Wasser oder Tränen. Nur im Falle einer taktischen Herzerweichung können schwärzlich verschmierte Augen die erwünschten Effekte zeitigen.

WASSERFESTE MASCARA

Wenn Sie viel Sport treiben, sollten Sie eine wasserfeste Mascara wählen. Ihr macht weder Schwitzen noch die Dusche danach etwas aus. Zum Reinigen braucht man allerdings einen speziellen Make-up-Entferner.

TIPP

Profitricks für schöne Augen

- Welche Lidschattenfarbe Sie auch wählen, beachten Sie: Dunkle Farben lassen die betreffenden Augenpartien zurücktreten, helle Farben heben sie hervor.
- Wenn Ihre Augen schnell rot werden: Hautfarbener Kajal auf dem Unterlid lässt sie weißer wirken.
- Dicke schwarze Lidstriche wirken hart, machen die Augen kleiner und lassen das Gesicht älter aussehen.
- Perlmuttlidschatten betonen jedes Fältchen – deshalb lieber auf matte Töne setzen.
- Pudern Sie die Wimpern vor dem Auftragen der Wimperntusche kurz ab. Durch die hauchfeine Puderschicht haftet die Tusche besser und die Wimpern erscheinen doppelt so üppig.
- Richtig tuschen: Bürstchen quer zum Auge direkt am Wimpernansatz anlegen, vorsichtig hin- und herrütteln, so dass die Härchen zwischen den einzelnen Borsten liegen. Dann die Bürste in einem Rutsch nach oben zu den Wimpernspitzen durchziehen.
- Wenn Sie eine Wimpernzange aus Metall benutzen: Erwärmen Sie sie kurz (!) vor dem Hochbiegen mit einem Föhn. Der Aufwärtsschwung hält so besser.
- Abends muss die Mascara runter. Die starren Wimpern könnten sonst auf dem Kopfkissen abbrechen.

Geschminkte Lippen können tolle Akzente setzen. Nur müssen sie sorgfältig ausgemalt werden.

Ganz gleich, ob Sie eine mattierende oder glänzende Lippenfarbe wählen – in jedem Fall verändert sie das Gesicht.

Lippen: Zarte Bekenntnisse

Lippen können locken, schmollen oder auch gute Laune zeigen. Manchmal sind wir eher schmallippig, dann wieder vollmundig. Der Hingucker im Gesicht wird übrigens nicht allein durch die Farbe, sondern ganz entscheidend auch durch die Form geprägt. Und die ist stark der Mode unterworfen. In den 20er Jahren galten schmale, unnahbare Lippen als chic, die 60er Jahre präsentierten mit Brigitte Bardot den üppigen Schmollmund. Doch mit diesem Modediktat ist es heute glücklicherweise vorbei. Trend ist in Sachen Lippenform Natur pur, mit raffinierten Schminktricks und den richtigen Farben gekonnt in Szene gesetzt. Das sind die Schönmacher für den Mund:

FEUCHTIGKEITSLIPPENSTIFT

Er ist der Klassiker unter den Lippenstiften. Mit gutem Grund: Der Stift ist cremig, leicht aufzutragen und mit pflegenden Ölen ausgestattet. Muss allerdings öfter nachgezogen werden, da er durch Essen und Trinken leicht von den Lippen verschwindet. Ganz im Gegensatz zu dem kussechten Lippenstift (siehe S.12).

TRANSPARENT-LIPPENSTIFT

Gibt den Lippen nur einen Hauch von Farbe, schimmert meist sehr schön und enthält viele pflegende Wirkstoffe. Da es die ultraleichten Stifte vorwiegend in Sommertönen gibt, enthalten sie oftmals einen Lichtschutz gegen Lippenkräuselungen.

LIPGLOSS

Ideal für ein eher natürliches Make-up. Der Balsam ist in einer glasklaren Version erhältlich, aber auch mit einem leichten, durchschimmernden Tönungseffekt oder gar mit einer starken Pigmentierung, die die Lippen wie gelackt aussehen lassen – super für den Abendauftritt mit Aufmerksamkeitsfaktor.

LIPPENKONTURENSTIFT

Wenn Sie eine dunkle Lippenfarbe auftragen wollen, ist ein Lippenkonturenstift ein Must. Er betont die Form der Lippen und schafft zugleich eine Art Barriere, damit die Farbe an den Lippenrändern nicht auslaufen und sich in den feinen Lippenfältchen ablagern kann. Wenn Sie eine schmale Oberlippe und eine breite Unterlippe haben, umranden Sie nur die Oberlippe an der höchsten hellen Linie mit einem Konturenstift, die Unterlippe braucht dagegen keine Kontur.

DER PERFEKT GESCHMINKTE MUND

Step 1: Getönte Tagescreme oder Grundierung gleich beim Schminken über den Lippenrand hinaus auf den ganzen Mund verteilen – so hält der Lippenstift deutlich länger.
Step 2: Die Lippenlinien mit einem gut gespitzen Konturenstift nachziehen. Orientieren Sie sich dabei an dem äußeren Umriss Ihres Mundes. An der Oberlippe beim so genannten Herz beginnen und dann jeweils den Strich in einem Zug zum rechten oder linken Mundwinkel hin durchziehen. Farbe an der Unterlippe von einem Mundwinkel zum anderen ziehen, möglichst nicht zittern.
Step 3: Die Konturen leicht abpudern.
Step 4: Lippenfarbe mit einem kleinen festen Lippenpinsel oder einem Lippenstift auftragen.
Step 5: Nun den ganzen Mund mit losem Puder abpudern. Dazu am besten ein Kosmetiktuch auf die Lippen legen und den Puder darüber stäuben. Das Tuch wirkt wie ein feines Sieb, das nur eine hauchdünne Puderschicht durchlässt.
Step 6: Lippen erneut mit Farbe ausmalen und je nach Lust etwas transparentes Lippgloss auftupfen.

INTERVIEW

Ein reifer Kussmund

Interview mit Horst Kirchberger, Star-Visagist aus München mit eigener Kosmetiklinie

➤ **Gerade im Alter sollten Lippenfarben nicht verlaufen und möglichst gut aussehen. Was tun?**

Horst Kirchberger: Den Mund insgesamt mit einem Konturenstift ausmalen, eventuell für ein angenehmeres Gefühl etwas Lipgloss applizieren. Wer will, kann auch auf ein weiteres Färben der Lippen verzichten. Anders als ein Lippenstift kriecht ein Konturenstift nicht in die winzigen Fältchen um den Mund.

➤ **Was kann ich gegen sehr trockene Lippen machen?**

Hier umgekehrt vorgehen: Zuerst die Lippen ausmalen, dann die Konturen nachzeichnen. Zusätzlich abends etwas Honig auf die Lippen tupfen, zehn Minuten einwirken lassen und ablecken – Sie bekommen garantiert superweiche Lippen.

➤ **Muss man sich mit Schmallippigkeit abfinden?**

Leider werden im Alter die Lippen dünner. Zum optischen Aufpeppen die Lippen ganz normal mit einem Konturenstift nachzeichnen, die Mundwinkel allerdings komplett damit ausmalen. Anschließend den Lippenstift auftragen – er sollte allerdings eine Nuance heller sein als der Konturenstift. Das Ergebnis sind volle, plastische Lippen.

HAARIGE SACHE

Viel Fingerspitzengefühl ist notwendig, um eine Superfrisur hinzukriegen. Besonders wenn das Haar dünner wird und auch die Farbe nicht mehr auf dem neuesten Stand ist. Doch mit einigen Tricks sind Sie und Ihr Kopf schnell wieder gut drauf. Schon Lust auf eine Young-Frisur bekommen?

Formvollendet

Gesträhnter Bob, blonder Short Cut oder doch lieber eine langmähnige Lockenpracht? Die Suche nach der perfekten Frisur ist oft gar nicht so einfach, aber auch nicht aussichtslos.

AUFS GESICHT GESCHAUT: OVAL

Manchmal ist die Haarqualität nicht geeignet für den gewünschten Schnitt, manchmal vergreift man sich im Farbton, doch vor allem sollte die Frisur zur Gesichtsform passen. Bei einem ovalen Gesicht stehen Ihnen – Glück gehabt – fast alle Schnitte. Mit zunehmendem Alter werden jedoch auch ovale Gesichter eher schmaler und wirken dann länglich. In einem solchen Fall ist Folgendes zu beachten: Die Frisur darf nicht zu eng und schmal am Kopf anliegen. Ideal sind leicht fransig geschnittene Bobs von kinnlang bis schulterlang, die im Ansatz schön bauschig und auch sonst nicht zu flach erscheinen sollten. Strenge Mittel- oder Seitenscheitel können ein schmales Gesicht eher noch verlängern, besser sind durchgestufte Ponys, die seitlich weich fallen.

RUNDE ANSICHT

Um die Gesichtsform zu bestimmen, betrachten Sie Ihr Gesicht und Ihren Hals von der Seite. Die wichtigste Proportion ist die Entfernung und der Winkel zwischen Ohrläppchen und Kinn. Sie sind ebenfalls entscheidend für die Haarlänge.

Wer zu einem runden Gesicht neigt, sollte keine zu kurzen Haare tragen, kinnlang ist die Grenze. Die Seiten und die Nackenpartie wirken optimal, wenn sie schmal und durchgestuft sind, der Oberkopf darf etwas voluminöser sein. Schön ist ein tief ins Gesicht fallender Pony mit leicht zerzauselten Spitzen. Achtung beim Mittelscheitel: Er mag Madonna stehen, aber auch nur ihr.

LEICHT ANGEECKT

Ein eckiges Gesicht kann zwar sehr interessant aussehen, aber gerade bei Frauen ab einem gewissen Alter auch eine Härte ausstrahlen. Dagegen helfen Frisuren, bei denen einzelne Haarpartien auf unterschiedliche Längen möglichst weich und wild durcheinander geschnitten werden. Die Strenge in Ihrem Gesicht verliert sich dann. Ganz gleich für welche Haarlänge Sie sich entscheiden: Der Oberkopf sollte fülliger als das übrige Haar frisiert sein. Übrigens: Schöne, nicht zu kleine Ohrringe lenken perfekt von einem kantigen Kinn ab. Ist Ihr Kinn besonders lang und abfallend wie bei Jerry Hall, können Sie kein wirklich kurzes Haar tragen – das betont das Kinn nur allzu sehr. Auch auf streng zurückgekämmtes oder nach oben gestecktes Haar ist zu verzichten. Steht Ihr Kinn ein wenig hervor, sollten Sie die Haarspitzen nach innen föhnen, um die Kinnlinie weicher erscheinen zu lassen. Übrigens: Bei der Wahl der passenden Frisur ist nicht nur die Gesichtsform wichtig. Auch Halslänge und Schulterbreite können bei Ihrem nächsten Friseurtermin zur Sprache gebracht werden.

GETARNTES DREIECK

Eine breite Stirn, ein extrem spitz zulaufendes Kinn – das typische Dreiecksgesicht. Auch bei diesem schwierigen Gesichtsdesign können Sie optisch aufrunden. Tragen Sie die Haare möglichst nicht zu kurz, aber auch nicht länger als bis maximal zur

Achtung, genau hingeschaut. Eine eckige Gesichtsform braucht einen Haarschnitt, der nicht zu kurz ist.

Schulter. Der Oberkopf sollte keineswegs voluminös geföhnt werden, sonst wird der Kontrast zum schmalen Kinn noch größer. Ideal ist es, wenn der Friseur den Schnitt auf Kinnlänge leicht durchstuft, das sorgt für Volumen in den Spitzen. Styling-Tipp: Spitzen mit der Rundbürste leicht nach außen föhnen, das lässt die Kinnpartie voller wirken. Denken Sie auch daran, wie Sie sich kleiden. Leichte Sommerkleider, feine, schmale Wollpullover mit V-Ausschnitten harmonieren toll mit einem kürzeren Haarschnitt. Voluminöse Schnitte und dicke Stoffe können ihn hingegen regelrecht erschlagen.

Haargenau richtig

Interview mit Star-Friseurin Marlies Möller, die in Hamburg ihren Salon hat

Wie sieht die perfekte Frisur für reife Frauen aus?

Marlies Möller: Bei Frauen jenseits der 40 finde ich generell eine mittlere Haarlänge ideal, sie darf auch gerne gestuft sein. Ein Pony schmeichelt dem Gesicht ebenfalls, lenkt von kleinen Fältchen auf der Stirn oder um die Augen ab. Ich würde den Pony leicht anstufen, so lässt er sich als voller Pony in der Stirn tragen, aber auch als eine Art Seitenscheitel.

Welches sind die schlimmsten Fehler, die man bei Frisuren ab einem gewissen Alter begehen kann?

Dazu zählen für mich überschulterlange, teenager-strohblond gefärbte Haare. Da versucht eine Frau, sich auf „jung" zu trimmen, eine eher gequält aussehende Angelegenheit. Unvorteilhaft finde ich auch aufgedonnerte Lockenfrisuren bei zu langen Haaren. Die können schnell madamig wirken.

Wie überdecke ich graue Haare?

Sind bis zu 30 Prozent der Haare grau, hilft eine Tönung, die sechs bis acht Wäschen überdauert. Ist nahezu die Hälfte der Haare ergraut, braucht man eine Intensivtönung, die bis zu sechs Wochen hält. Wer komplett grau ist, benötigt eine Coloration.

Die Top 8 für

mehr Volumen

Lockenwickler

Locken bringen immer ein Plus an Fülle. Allerdings: Es muss nicht immer eine Dauerwelle sein. Neue Volumenwellen arbeiten mit wenig Chemie, geben weiche Wellen oder mehr Stand am Haaransatz. Der Volumeneffekt funktioniert am besten bei kurzen bis mittellangen Haaren und hält bis zu acht Wochen. Andere Möglichkeit: Lockenwickler. Wer sanfte Wellen und einfach mehr Fülle möchte – XXL-Wickler verwenden.

Haarspray

Eine einfache und schnelle Volumenhilfe ist das Haarspray. Man muss es nur richtig anwenden. Die meisten Frauen sprühen es wahllos über den ganzen Kopf. Falsch, denn so legt sich das Spray wie ein platt machendes Netz über die Frisur. Besser: Strähne für Strähne etwas anheben und das Spray von unten her einsprühen. Bei längeren Haaren ideal: Kopfüber nach vorn beugen, von unten her einsprühen, Haare wieder zurückwerfen.

Die Top 8 für

Toupierkamm

Zwar ein Relikt aus den 60er Jahren, aber dennoch ungeheuer wirkungsvoll. Wichtig: nicht das gesamte Deckhaar auftakeln, dieser Zuckerwatte-Effekt sieht künstlich aus. Besser ist es, das oberste Deckhaar mit Clipsen hochzustecken. Die darunter liegenden Haare antoupieren, leicht durchkämmen und mit etwas Spray festigen. So hat das Haar von unten her mehr Stand. Nicht täglich toupieren, das ist einfach zu viel Stress fürs Haar.

Pump-ups

In Spray- oder Gelform wirken sie aufbauend mit haarähnlichen Bestandteilen wie Keratin oder Aminosäuren. Diese Substanzen docken an den Problemzonen des Haares an und stärken es entsprechend. Es gibt auch so genannte Thermoprodukte, deren Inhaltsstoffe erst durch die Föhnwärme aktiviert werden und eine Doppelfunktion ausüben: Sie agieren als Schutzschild vor der Föhnhitze und kräftigen zugleich die Haarfaser.

mehr Volumen

Föhn

Wildes Hin- und Herföhnen macht die Haare zwar trocken, gibt ihnen aber nicht unbedingt Volumen. Sinnvoller: das Deckhaar hochstecken und zunächst nur die unteren Haare trocknen. Dabei die einzelnen Partien um eine Rundbürste wickeln und diese mit warmer Föhnluft anblasen. Die Bürste unbedingt eine Minute im Haar auskühlen lassen. Deckhaar entsprechend behandeln. Anschließend sämtliche Haarwellen durchbürsten.

Volumenshampoo

Es enthält kräftigende Wirkstoffe wie Proteine oder Ceramide, die das Haar einhüllen und es so griffiger wirken lassen. Gut sind von Zeit zu Zeit auch Peelingshampoos. Sie befreien das Haar von Rückständen durch Pflege- und Styling-Produkte, die es auf Dauer schlapp aussehen lassen. Auch Two-in-One-Produkte, bei denen Shampoo und Spülung integriert sind, beschweren das Haar. Natürlich auf Kosten des Volumens.

Strähnchen

Strähnchen sind nicht nur schöne Highlights im Haar, sie bringen auch deutlich mehr Volumen. Der Grund: Durch den chemischen Prozess wird das Haar leicht aufgeraut – das erzeugt Fülle. Stars unter den Volumenhelden sind auch pflanzliche Haarfarben. Durch ihre natürlichen Gerbstoffe kräftigen sie das Haar. Bei schlaffen Schöpfen ebenfalls einen Versuch wert: Henna. Gibt's sogar farblos und als haarstärkendes Shampoo.

Bier & Co

Auch die Natur hat für feine Haare etwas in petto. Mineralwasser beispielsweise. Nach der Haarwäsche über die Haare gegeben, spült es letzte Shampooreste aus, die das Haar schwer machen können. Schon fast ein Klassiker: Bier. Nach der Wäsche als Spülungsersatz eine Flasche Bier über die Haare gießen. Hopfen macht das Haar fülliger und glänzender. Keine Angst: Der Biergeruch verfliegt nach dem Trocknen der Haare.

Pflege: Haare in Hochform

Haare sind launisch. Mal sitzen sie perfekt, lassen sich ganz einfach stylen und glänzen toll. An anderen Tagen, den berühmten Bad-Hair-Days, hängen sie plötzlich schlapp und kraftlos am Kopf. Schauen Sie, was Ihr Haar gerade braucht.

FEINES GESPINST

Feines Haar ist keine Einbildung. Schon gar nicht im Alter, wenn die Haarqualität nachlässt. Bei 20-Jährigen ist die Haarwurzel noch kräftig und der Schaft ganz glatt. Bei 40-Jährigen wachsen dagegen die Haare langsamer, die Oberfläche wird rau und porös. Feines Haar bei älteren Frauen lässt sich nur mit Mühe in Form bringen und macht leider schnell schlapp. Beim Waschen nur so viel Shampoo nehmen wie unbedingt nötig. Ein Waschgang genügt. Gerade dünnes Haar darf man nicht zu sehr belasten. Möglichst wenige Pflegemittel verwenden und auch mit Styling-Hilfen, insbesondere mit Schaumfestiger, extrem sparsam umgehen, es könnte dadurch „angeklatscht" aussehen. Bei der Wäsche das Shampoo stets gründlich ausspülen, da Rückstände das Haar nur schwer und strähnig machen. Verwenden Sie am besten ein Volumenshampoo; es enthält kräftigende Wirkstoffe, die mehr aus dem Haar machen. Ein kleiner Trick: Gehen Sie regelmäßig alle sechs Wochen zu Ihrem Friseur zum Nachschneiden. Das macht die Haare zwar nicht dicker, aber sie sehen insgesamt gesünder und kräftiger aus.

AUF DEM TROCKENEN

Meist sind es äußere Einflüsse wie Sonne, Wind oder zu viel Chemie (Dauerwelle, Farbe), die das Haar strapazieren, es empfindlich und brüchig machen. Aber auch Krankheiten, Medikamente, Radikaldiäten oder hormonelle Änderungen können dem Haar ganz schön zusetzen. Verwenden Sie ein Spezialshampoo für trockenes und/oder strapaziertes Haar. Es enthält rückfettende Substanzen, die die Haare glänzender und gesünder aussehen lassen. Shampoonieren Sie immer nur einmal, da sonst der schützende Fettmantel noch poröser wird. Auch sollten Sie sich überlegen, ob Sie Ihre Haare wirklich jeden Tag waschen müssen. Wie gesagt: Der natürliche Fettfilm baut sich bei gestressten Haaren nur langsam wieder auf. Gegen brüchiges Haar und Spliss gibt es Repair-Produkte zum Aufsprühen, die die Schwachstellen im Haar kitten. Trocknen Sie die Haare nach dem Waschen anfangs unter einem Handtuchturban; vermeiden Sie heftiges Rubbeln mit Frotteetüchern. Stellen Sie den Föhn nur auf die mittlere Wärmestufe und halten Sie ihn in einem Abstand von mindestens 15 Zentimetern zum Haar. Heizwickler, Lockenstäbe, Glätteisen, billige Kämme mit scharfen Zinken oder Bürsten mit ungeschützten Metallborsten sind Gift für strapaziertes Haar. Versuchen Sie es mal mit einer Biotin-Kur. Dahinter verbirgt sich das Vitamin H. Der Wirkstoff kann brüchige Nägel und Haare stärken, wenn dem Problem ein Biotin-Mangel zugrunde liegt. 2,5 Milligramm sind die empfohlene Tagesdosis. Und in der Sonne: Haare immer mit einem Hut, Tuch oder einem speziellen Sonnenschutzprodukt in Deckung bringen; auch Salz- oder gechlortes Wasser sofort ausspülen.

GLÄNZENDE ERSCHEINUNG

Wenn die Talgdrüsen aus dem Gleichgewicht geraten, produzieren sie zu viel Fett. Die Ursachen: Veranlagung, hormonelle Störungen oder eine falsche Behandlung der Haare. Dagegen hilft ein mildes Anti-Fett-Shampoo. Es schützt den Ansatz vor schnellem Nachfetten und lässt die Haare länger locker aussehen. Sie dürfen übrigens so oft waschen wie nötig. Eine häufige Wäsche vermehrt nicht die Fettproduktion. Das Shampoo aber nicht in die Kopfhaut einmassieren, das regt die Talgdrüsen nur zu vermehrter Tätigkeit an. Waschen Sie Kämme und Bürsten unbedingt alle vier Wochen gründlich mit warmem Wasser und Shampoo aus. Fettreste haben hier oft ein neues Zuhause gefunden. Bürsten mit Naturborsten saugen übrigens das Fett stärker auf als solche mit Kunststoffborsten.

SCHNEE VON GESTERN

Schuppen mag nun keiner. Man geht davon aus, dass Schuppen von hefeähnlichen Mikroorganismen bei einer Stoffwechselstörung ausgelöst werden. Die feinen Brösel können sowohl bei trockener Kopfhaut auftreten (dann sind sie weiß bis farblos und über den ganzen Kopf verteilt) als auch bei fettiger Kopfhaut (dann haben sie eine gelbliche Farbe, kleben und fühlen sich ölig an). Zur Abhilfe besorgen Sie sich ein Anti-Schuppen-Shampoo mit Wirkstoffen wie Octopirox oder Keloconazol aus der Apotheke. Wenden Sie es mindestens vier Wochen lang an. Falls die Schuppen stark jucken oder die Kopfhaut gerötet ist: Gehen Sie zum Dermatologen, es kann auch eine Allergie, ein Ekzem oder eine Schuppenflechte dahinterstecken. Vermeiden Sie zudem jede Reizung der Kopfhaut. Tabu sind intensive Kopfmassagen oder zu heißes Wasser. Haben Sie aber außer Schuppen auch rote Flecken auf der Kopfhaut oder den Augenbrauen, die vielleicht jucken, dann liegt bei Ihnen kein Schuppenproblem vor, sondern ein mehr oder weniger ausgeprägtes Ekzem. Essen Sie nach Möglichkeit einen Monat lang keine Milchprodukte. Verbessert sich der Zustand nicht, suchen Sie einen Dermatologen auf.

TIPP

Haare und Hormone

- Frauen in den Wechseljahren haben oft mit Haarausfall zu kämpfen. Das liegt am sinkenden Anteil weiblicher Hormone, wohingegen die Menge der männlichen Hormone unverändert bleibt. Die Veränderung trifft vor allem die Haarwurzeln. Sie verhärten sich und werden nicht mehr ausreichend ernährt. Das Haar fällt schließlich aus. Abhilfe kann ein Produkt mit dem Wirkstoff Aminexil (aus der Apotheke), aber auch ein verschreibungspflichtiges östrogenhaltiges Haarwasser schaffen.

Styling: Stilgerecht

Das Styling ist der Gipfel einer jeden Frisur. Warum es immer wieder anders sein muss, wissen Sie nur zu gut. Von attraktiven Kopfveränderungen kann man nie genug bekommen.

AUFBAUEND: FÖHNLOTION

Sie hat zwei Aufgaben: das empfindliche Haar vor der Föhnhitze zu schützen und gleichzeitig dem Schopf mehr Fülle zu geben. Achten Sie besonders bei Föhnlotionen für extrastarken Halt darauf, sie sparsam einzusetzen. Zehnmal sprühen reicht bei mittellangen Haaren schon aus. Ist man zu freigebig, können die Haare nach dem Trocknen Gegenteiliges aufweisen: Statt im üppigen Glanz zu schwelgen, kleben sie. Wichtig: Lotion nicht ins nasse, sondern ins handtuchtrockene Haar geben.

GUT GEKLECKST: STYLING-SCHAUM

Schaumfestiger oder Styling-Schaum haben die flüssigen Festiger von damals abgelöst. Mit Recht. Sie erhöhen die Kämmbarkeit und geben viel Volumen. Denken Sie aber daran: Viel bringt nicht viel. So reicht für kurze und kinnlange Haare schon ein golfballgroßer Klecks Schaumfestiger aus. Lange Haare brauchen etwa dreimal so viel. Schaum gehört in erster Linie dahin, wo Sie Fülle anstreben: in den Ansatz. Durch die enthaltenen Harze und die Alkoholanteile wirkt er übrigens wie ein Löschblatt – ein guter Trick, um schnell fettendem Haar einen Frischhalteeffekt zu verschaffen. Damit der Schaum gleichmäßig im Haar verteilt wird: am besten auf einen Kamm geben und mit diesem durch den Haaransatz fahren. Ein toller Trick, um Locken, natur- oder dauergewellt, besonders plastisch erscheinen zu lassen: Haare nahezu trockenföhnen, dann eine Portion Schaumfestiger einkneten. Anschließend einzelne Haarpartien in Alufolie einwickeln (glänzende Seite nach außen) und mit dem Föhn anblasen. Kurz auskühlen lassen und Alufolie vorsichtig abwickeln. Locken nicht ausbürsten, sondern nur leicht in Form zupfen. Eine interessante Alternative zum Styling-Schaum sind Farbschaumfestiger. Die geben ebenfalls Halt und Fülle, intensivieren darüber hinaus jedoch durch eingebaute Farbpigmente noch den Naturton des Haares.

SWINGING QUEEN: HAARSPRAY

Sprays setzen jedem Styling die Krone auf. Doch wie schon gesagt (siehe S. 32), Haarpartien am besten von unten her einsprühen. Haarsprays gibt es in unterschiedlichen Festigungsgraden und für verschiedene Haartypen. Haarlack ist im Grunde nichts anderes als ein extrastarkes Haarspray, das für maximalen Halt sorgt. Es eignet sich besonders für kurze Haare, die Superstand brauchen. Längere Haare sind besser mit einem flexiblen Haarspray bedient. Es gibt ebenfalls Halt, belässt dem Haar dabei aber seinen natürlichen Schwung. Echte Lichtgestalten sind Glanzsprays. Sie enthalten feinste Öle, die die Haarstruktur glätten und einen seidigen Schimmer hervorzaubern. Bei glattem und feinem Haar sehr sparsam damit umgehen, sonst bekommt die Frisur den Glanz einer Speckseite.

GEHT RAN: STYLING-GEL

Immer eine Versuchung wert: Akzente im trockenen Haar frech und sexy zu inszenieren mit Gels, Sprays oder Cremes. Geeignet sind diese Styling-Produkte eher für kurze bis mittellange Haare,

Bei Pflege und Styling können Sie aus dem Vollen schöpfen – die moderne Haarkosmetik bietet Produkte für jeden Haartyp.

langes Haar sollte man nur partienweise (Pony, kürzere Seitensträhnchen) damit zwirbeln. Sie sind zumeist fettfrei und bestehen aus festigenden Harzen und Alkoholen. Ideal auch für fettige Haare, da die Wirkstoffe den Talg „aufsaugen". Strapazierte Haare sollte man allerdings nicht täglich damit traktieren, sie könnten noch gestresster werden und sogar mit Schuppenbildung reagieren. Achtung: Gel ist nicht gleich Gel. So stylen Sie mit einem „Wet Gel" einen Look, als würden Sie gerade aus einem feucht-tropischen Klima kommen, ein „Styling-Gel" oder „Forming Fluid" hat eher festigende Eigenschaften, ein „Brillant-Gel" oder eine „Shining-Creme" setzt Schwerpunkte beim Glanz, gibt aber weniger Halt.

MIT EIGENSCHAFTEN: WACHS

Öle sind ihre Basis: Wachs und Schaumwachs geben dem Haar viel Glanz und geringen Halt. Mit Wachsen sollte man besonders bei glattem, feinem Haar vorsichtig umgehen, da sie es schnell strähnig oder sogar fettig aussehen lassen. Zum Testen eine kleine Menge zwischen den Handflächen verreiben und in die Haare einarbeiten. Wenn die Strähnen nur traurig wirken, hat's keinen Sinn. Schaumwachs hat eine niedrigere Ölkonzentration als Wachs und ist in der Anwendung für Anfänger häufig einfacher. Wichtig bei Wachs & Co: die Haare am Abend nicht zu kräftig auskämmen. Durch den „Klebeeffekt" reißen Sie nur unnötig Haare aus. Besser: Haare am nächsten Tag waschen.

Farbe: Schön bunt

Sie sind lebendig, einzigartig und voller Energie für die Zukunft? Es gibt jetzt Haartöne, die mit Ihnen mithalten können. Und viel Lust auf eine farbenfrohe Zukunft machen.

SHOWTIME: FARBSHAMPOO

Shampoos mit Farbwirkung intensivieren die eigene Haarfarbe oder peppen ausgeblichene Colorationen wieder auf. Die eingesetzten Farbpigmente dringen nicht ins Haar ein, sondern legen sich um den Schaft wie eine neue Hülle. Will man wieder auf den Effekt verzichten – nach zwei, drei Haarwäschen sind die Pigmente ausgespült. Farbshampoos gibt es in unterschiedlichen Nuancen. So bringen „Kamille" oder „Malve" müde Blondtöne auf Zack, „Silberweide" lässt fades Grau silberglänzend erscheinen, „Walnuss" oder „Muskat" zaubern softe Reflexe in braunes Haar. Farbshampoos wie normale Shampoos verwenden, zwei Minuten einwirken lassen und mit warmem Wasser ausspülen.

MIT WASCHGANG: TÖNUNG

Die Farbpigmente bei einer Tönung ummanteln das Haar sehr gleichmäßig. Es sieht so aus, als hätte es gerade einen frischen Farbanstrich bekommen. Satten Glanz inklusive. Tönungen können Goldreflexe ins blonde Haar oder rötliche Highlights ins braune Haar bringen. Auch ein Farbwechsel ins Dunkle ist von ein bis zwei Nuancen möglich. Ausschlaggebend für die Wahl einer Haarfarbe muss die Hautfarbe sein. Diese wird mit zunehmendem Alter heller. Wenn die Haut aber blasser wird, muss das Haar nicht blonder werden. Also besser auf ein Gelbblond verzichten, das zunehmend intensiver wird.

COOLE NUMMER: INTENSIVTÖNUNG

Mit dieser Tönungsart kommen Sie dem Chamäleon-Effekt näher. Intensivtönungen dringen ins Haar ein und können ergrautes Haar bis zu einem Anteil von 75 Prozent abdecken. Die Farbe hält acht bis zwölf Wochen. Falls Sie unsicher sind, ob Sie eine Tönung oder eine Coloration vor sich haben: Tönungen bestehen immer aus einem Fertigprodukt, das direkt auf die Haare aufgetragen wird. Bei einer Intensivtönung bzw. Coloration muss der Inhalt von zwei Behältnissen vor dem Färben miteinander vermischt werden.

FREE STYLE: COLORATION

Eigentlich kann man mit einer Coloration jeden gewünschten Farbton ins Haar bringen. Und da ein oxidativer Prozess damit verbunden ist, sogar äußerst dauerhaft. Hier kann nichts rausgewaschen werden, nur ein Herauswachsen hilft. Weil zudem viel Chemie im Spiel ist, strapazieren Colorationen die Haare.

ROLLENSPIEL: BLONDIERUNG

Eine Blondierung ist für Haare der höchste Stressfaktor. Hierbei werden die Naturpigmente durch einen Wasserstoffperoxid-Mix komplett aufgelöst. Ein weiteres Problem: Das Aufhellen der Haare läuft über verschiedene Rot-Orange-Stufen ab. Wäscht man die Blondierung nun zu früh aus oder hat die Eigenhaarfarbe selbst einen hohen Anteil an Rot-Pigmenten, dann kann es passieren, dass sich statt des erwünschten Blonds ein Gelb oder Orange zeigt. Blondierungen sind allein Sache des Friseurs. Bevor Sie sich für eine entscheiden, testen Sie andere Farbtechniken, denn sie ist dauerhaft und braucht viel Pflege.

Ein moderner Haarschnitt wird durch eine tolle Farbe zum echten Hingucker.

MARKENZEICHEN: STRÄHNCHEN

Strähnchen sind im Grunde nichts anderes als Haarfarben bzw. Blondierungen, die nur partienweise im Haar aufgetragen werden. Früher gab es die aufwändige Technik der Haubensträhnchen, bei der die einzelnen Strähnen mit einer Art Häkelnadel durch eine Plastikhaube gezogen wurden. Heute machen Friseure zumeist Foliensträhnchen. Hierbei wird auch das Haar unter dem Deckhaar erwischt, was natürlicher aussieht und weniger langweilig. Auch können Friseure dem Haaransatz eine besondere Schattierung geben, so dass später der eventuelle graue Nachwuchs nicht so deutlich erscheint.

TIPP

Tricks rund um die Farbe

- Wenn Sie selbst zum Pinsel greifen möchten: Die meisten Frauen schätzen ihre eigene Haarfarbe falsch, nämlich als zu dunkel, ein. Was Frauen schon als ein Dunkelblond bezeichnen, ist für den Friseur noch ein Mittelblond. Vergleichen Sie deshalb unbedingt in der Parfumerie die Probesträhnchen mit Ihrer eigenen Haarfarbe und wählen Sie im Zweifelsfall lieber eine hellere Nuance.
- Falls Sie sich doch mal im Ton vergriffen haben: Waschen Sie die Haare sofort mit einem Anti-Schuppen-Shampoo und geben Sie eine Haarkur für mindestens eine halbe Stunde, besser über Nacht, ins Haar. Beide Prozeduren ziehen einen Teil der Pigmente aus dem Haar. Wenn alles nichts nützt: Gehen Sie zum Friseur; er kann professionell einen reduktiven Farbabzug machen, der ebenfalls die künstlichen Pigmente neutralisiert.
- Alle extremen Farben sind gefährlich. Sollten Sie sich zu einem Rot oder Schwarz entschließen, überprüfen Sie auch, ob Ihre Outfits und Ihr Make-up dazu passen. Sonst kann es sein, dass Sie alles neu kaufen müssen.

Sharon Stone

Kurz & stufig

Sharon Stone trägt einen Schnitt, der absolut zeit- und altersIos ist. Im Nacken fallen die **Fransen bis auf Kinnlänge**, vorn sind die Haare bis auf Höhe der Wangenpartien durchgestuft. Ein besonderer Hingucker: der ebenfalls gestufte **Seitenpony**. So geht's: Haare über eine Skelettbürste trockenföhnen. Dabei einige Strähnen nach innen, einige nach außen föhnen. Etwas Styling-Creme zwischen den Fingern verreiben und damit die **Spitzen schwungvoll betonen**. Für längeren Halt einen Hauch von Haarlack über die fertige Frisur sprühen.

Die Top 8 der

Senta Berger

Klassisch & farbig

Ihrem fast **schulterlangen Bob** ist Senta Berger seit Jahren treu. Kein Wunder, denn er bringt ihr schönes Gesicht zur Geltung und betont ihren jugendlichen Charme. Besondere Highlights: der **warme Rotton** im Haar und der Pony auf Augenbrauenhöhe. Clever, denn damit lassen sich kleine Mimikfältchen auf der Stirn perfekt kaschieren. Das Styling: Nach dem Waschen etwas Föhnlotion ins Haar sprühen und über eine **dicke Rundbürste** nach innen föhnen. Alternative: Das Haar auf dicke Heizwickler drehen, auskühlen lassen und ausbürsten.

Meg Ryan
Frech & fransig

Macht jung, sieht einfach lässig aus: Meg Ryans berühmter **Fransenschnitt** ist inzwischen an ihr selbst weicher und weiblicher geworden. Die vorderen Haarpartien sind bis auf Kinnlänge stark durchgestuft, im Nacken fällt das Haar fedrig, je nach Wunsch bis weit über die Schultern. Das Styling: Zunächst **kopfüber anföhnen**, dann über eine Skelettbürste trockenföhnen; einzelne Strähnen mit etwas Schaumwachs **lässig ins Gesicht** zwirbeln. Übrigens: Dieser Schnitt ist ideal, wenn kurze Haare länger werden sollen.

Young-Frisuren

Michelle Pfeiffer
Glatt & glamourös

Mädchenhaften Frauen wie US-Schauspielerin Michelle Pfeiffer stehen **lange Haare** auch jenseits der 40. Ihre Haare haben eine einzige Länge, lediglich die Seitenpartien sind **weich gestuft** und bilden zum ausdrucksstarken Gesicht den perfekten Rahmen. So bekommen Sie den Look zu Hause hin: Nach dem Waschen etwas Schaumfestiger in die Haare kneten und Strähne für Strähne über eine flache Paddelbürste ganz glatt föhnen. Damit das Haar schön schimmert, noch etwas **Glanzspray** verwenden.

Sigourney Weaver
Schlicht & schön

Die Schauspielerin Sigourney Weaver trägt einen klassischen Bob, der in den Seitenpartien leicht durchgestuft ist – das lässt ihn nicht zu brav aussehen. Das Styling ist ganz einfach: Etwas Schaumfestiger im handtuchtrockenen Haar verteilen, über eine dicke Rundbürste nach innen föhnen. Föhntrick für mehr Volumen: Haare um die Rundbürste wickeln, kurz warm anföhnen, Bürste dann zwei Minuten im Haar auskühlen lassen. Haare anschließend ausbürsten und mit etwas Haarlack fixieren.

Die Top 8 der

Iris Berben
Weich & weiblich

Elegant, sehr feminin und trotzdem nicht bieder: Iris Berben schwört seit Jahren auf längere Haare. Und zeigt damit, dass man ab 40 nicht zwangsläufig einen Kurzhaarschnitt tragen muss. Die Frisur: Im Nacken überschulterlang, seitlich sind die Haare weich durchgestuft. Damit der Schnitt mehr Volumen bekommt, am besten das gewaschene Haar nahezu trockenföhnen, dann über eine dicke Rundbürste nach innen stylen. Zum Schluss die Ansätze leicht anheben und von unten etwas Haarspray einsprühen – so hält die Frisur garantiert den ganzen Tag.

Emma Thompson
Kurz & gut

Zu einem **Short-Cut** gehört schon etwas Mut. Wichtig: Das Gesicht sollte für diese Frisur eher oval geschnitten sein. **Make-up ist ein Must**, damit sie nicht zu burschikos wirkt. Am besten die Augen mit Kajal und schwarzer Mascara intensiv betonen, ein tiefroter Lippenstift sieht ebenfalls toll dazu aus. Das Styling ist besonders easy: Einfach **lufttrocknen** lassen oder kurz mit dem Föhn trocknen. Etwas Gelwachs oder Styling-Creme zwischen den Fingerspitzen verreiben und in die Haare kneten.

Young-Frisuren

Andie MacDowell
Lang & lockig

Wer so schöne **Naturlocken** wie Schauspielerin Andie MacDowell hat, sollte sie auch zeigen. Die Haare sind leicht durchgestuft, so fallen die Locken noch schöner. Am besten an der Luft oder mit einem **Diffusorföhn** trocknen, der die Haare nicht so stark aufwirbelt. Hinterher etwas Schaumwachs zwischen den Händen verreiben und nach Styling-Wunsch in die Haare kneten. Wichtig: Lockige Haare werden im Alter häufig trocken. Deshalb **regelmäßig eine Kur** in die Haare geben und nach jeder Wäsche mit einer Spülung pflegen.

STREICHELEINHEITEN FÜR DIE HAUT

Denken Sie nicht, jugendliches Aussehen sei ein Geheimnis von Filmstars. Ein strahlend schöner Teint jedenfalls ist kein Traum, sondern das Ergebnis einer perfekten Pflege. Dabei wirken Cremes mit raffinierten Anti-Aging-Wirkstoffen wahre Wunder. Sie werden es sehen.

Genau mein Typ

Sie kennen das: Brennend interessiert Sie die Frage, was die Haut wirklich braucht, um straffer, jünger und frischer auszusehen. Strategie ist dabei alles: Machen Sie einen Hauttyp-Check. Denn er hilft Ihnen entscheidend dabei, Ihre Haut mit der richtigen Pflege glatt zu halten.

Die Haut auf Teststation

Vorschriften sind nicht immer angenehm, aber hin und wieder nützlich. Um Ihren Hauttyp zu bestimmen, gilt folgende Faustregel: Waschen Sie Ihr Gesicht morgens mit einem milden Reinigungsgel, tupfen Sie die Haut danach gut trocken und cremen Sie sich nicht ein. Nach zwei bis drei Stunden ist ein Blick in den Spiegel fällig. Liegt auf dem ganzen Gesicht ein feiner Fettfilm, ist Ihre Haut ölig. Das ist zwar bei einem Teint ab 35 seltener, kommt aber durchaus vor. Zeigt sich der Glanz nur in der Mitte des Gesichts, haben Sie eine Mischhaut. Wenn die Haut sehr spannt und geradezu nach Feuchtigkeit zu lechzen scheint, ist sie eindeutig trocken. Normale Haut weist keine glänzenden Stellen auf und fühlt sich auch ohne Cremezufuhr geschmeidig an. Sensible Haut erkennen Sie an kleinen Rötungen.

ECHT GLÄNZEND: ÖLIGE HAUT

Zwar wird die Haut ab 35 zunehmend trockener, doch viele Frauen leiden auch mit 50 noch unter einer Überdosis Fettglanz. Sogar die Neigung zu Pusteln und Mitessern bleibt bei einigen Frauen das ganze Leben lang bestehen. Ölige Haut sollte zwar sanft entfettet werden, braucht aber dennoch auch jede Menge Feuchtigkeit, um straff und glatt auszusehen. Ideal sind ein sanfter Reinigungsschaum und ein mildes Gesichtswasser mit einem niedrigen Alkoholgehalt. Pusteln werden als störend empfunden, und das zu Recht. Denn erstens ist ein Pickel nicht schön und zweitens erinnert er uns an die Pubertät, und die war in der Regel höchstens zeitweilig angenehm.

UNENTSCHIEDEN: MISCHHAUT

Mischhaut ist besonders schwierig in den Griff zu bekommen. Denn in der T-Zone (Kinn, Nase, Stirn) fettet sie zumeist mehr und neigt hier besonders zu glänzenden Stellen; die Wangen dagegen können richtig trocken und empfindlich sein, tendieren sogar oft zu Couperose (roten Äderchen). Entsprechend ist eine Doppelpflege angesagt: eine reichhaltige Creme für die Wangenpartie und ein ölfreies Präparat für die T-Zone.

GANZ EASY: NORMALE HAUT

Sie sind zu beneiden, wenn Sie eine relativ unkomplizierte Haut haben. Doch Achtung, im Laufe der Zeit kann sich auch eine normale Haut verändern. Ansonsten freut sie sich über eine Reinigung mit einem milden Waschgel. Hinterher am besten ein alkoholfreies Gesichtswasser verwenden. Die Creme sollte viel Feuchtigkeit, aber auch einen minimalen Fettanteil enthalten. Das ist bei Haut ab 35 wichtig, weil sie dann anfängt, aus hormonellen Gründen weniger Eigenfett zu produzieren.

MIMOSE: SENSIBLE HAUT

Gäbe es einen Oscar für schwieriges Altersverhalten, dann müsste ihn die empfindliche Haut bekommen. Nichts macht sie wirklich glücklich, schon gar nicht Wind, Kälte, Hitze, Alkohol oder falsche Pflegeprodukte. Das liegt daran, dass die Barriereschicht, die die Haut normalerweise schützt, durchlässig geworden ist. Deshalb sollten Sie darauf achten, sie so schonend wie möglich zu behandeln. Zum Reinigen am besten ein ganz mildes Fluid ohne Farb- und Duftstoffe aus der Apotheke verwenden, das nur mit einem Wattepad abgenommen wird – Wasser kann die Haut zusätzlich reizen! Das Gesichtswasser muss beruhigende Zusätze wie Kamille oder Algen enthalten. Außerdem möglichst alles vermeiden, was Ihre Haut zusätzlich stressen könnte wie Peelingcremes, Masken, die auf dem Gesicht antrocknen, oder Saunabesuche. Übrigens: Sensible Haut kann zusätzlich trocken oder fettig sein, dann sollte die Pflege entsprechend angepasst werden.

WILL ALLES: TROCKENE HAUT

Reifere Haut ist häufig auch trocken. Die Talgdrüsen arbeiten auf Sparflamme, die Haut enthält oft weniger als zehn Prozent Wasser. Zum Vergleich: Normale Haut speichert 20 bis 30 Prozent Feuchtigkeit. Die Folge sind Spannungsgefühle, Schüppchenbildung oder sogar Juckreiz. Weil die Balance von Fett und Feuchtigkeit gestört ist, bekommt trockene Haut leicht Fältchen. Das gilt es zu verhindern: Eine reichhaltige Reinigungscreme und ein alkoholfreies Gesichtswasser sind dafür notwendige Voraussetzungen. Die Gesichtscreme sollte unbedingt Feuchtigkeit spendende Substanzen wie Hyaluronsäure oder Aloe Vera enthalten. Auch gut: Einmal wöchentlich eine Feuchtigkeitsmaske, die den Durst der Haut löscht.

Einmal verwöhnen bitte! Auch junge Frauen mit öliger Haut sollten eine spezielle Anti-Aging-Pflege verwenden.

Ein Must für eine reife Frau mit trockener Haut: Cremes mit viel Feuchtigkeit und einem hohen Lichtschutzfaktor.

Beautypower Wasser: Es macht Frauen schön, gibt Energie und bedeutet Wohlgefühl pur.

Reines Vergnügen

Soft, schnell und trotzdem gründlich: Die Wirkweise der neuen Generation von Reinigern grenzt an Zauberei. Die Cleanser sind übrigens das A und O der Pflege, denn sie befreien die Haut von Make-up, Schmutz und Talg. Denn erst auf porentief reiner Haut können Cremes ein wenig die Zeit anhalten. Hier ein kleiner Guide, damit Sie sich im Dschungel der Reinigungsprodukte zurechtfinden:

REINIGUNGSMILCH & CO.

Eine reinigende Milch oder Creme ist besonders für trockene, sensible und normale Haut zu empfehlen. Aufgetragen werden sie immer auf die trockene Haut. Eine halbe Minute sanft mit kreisenden Bewegungen einmassieren, nur so verbinden sich die Reinigungssubstanzen mit dem Make-up. Am besten mit einem angefeuchteten Schwämmchen oder Wattepad abnehmen und mit lauwarmem Wasser nachspülen.

Gel und Schaum sind ideal für alle Frauen mit Mischhaut. Beide werden in der Hand mit etwas Wasser aufgeschäumt und auf die leicht angefeuchtete Haut aufgetragen. Wer den Reinigungseffekt steigern möchte, massiert den sahnigen Schaum mit einem Gesichtsbürstchen (nicht bei Neigung zu roten Äderchen) in den Teint ein. Hinterher den Schaum mit reichlich Wasser abspülen.

Wer viel Make-up trägt, sollte mal ein Reinigungsöl ausprobieren. Es nimmt die Farbe besonders schonend und einfach vom Gesicht. Das Öl wird auf die trockene Haut aufgetragen, gut einmassiert und mit einem angefeuchteten Wattepad oder Kosmetiktuch abgenommen. Zusätzlich den Teint mit einem Gesichtswasser klären.

REINIGUNGSWASSER

Die transparenten, oftmals wohlduftenden Wässerchen sind praktisch, wenn's schnell gehen muss oder auf Reisen mal kein Wasserhahn in der Nähe ist. In einem einzigen Schritt befreien sie Teint und Augen von Schmutz und leichtem Make-up. Einfach auf einen Wattepad geben, über die Haut wischen, bis sie klar erscheint – abspülen nicht nötig.

WASCHGELE UND -LOTIONEN

Diese Spezialprodukte sind für eine fettige und zu Unreinheiten neigende Haut gedacht. Sie enthalten häufig talgreduzierende und antibakterielle Wirkstoffe wie Zink oder Phlorogin, außerdem mattierende und porenverfeinernde Kräuter wie Hamamelis oder Salbei. Steckt in diesen gründlichen Multitalenten zusätzlich die aus Weidenrinden gewonnene Salicylsäure, befreien diese Produkte die Poren zugleich von älteren Hornschüppchen, wobei die Zellen der oberen Hautschicht abgestoßen und durch von unten nachwachsende Zellverbände ersetzt werden.

EINGESEIFT

Normale Handwaschseife fürs Gesicht? Besser nicht! Denn sie wirkt stark alkalisch und verschiebt den Säuregrad der Haut. Ergebnis: Die Haut gerät aus dem Gleichgewicht, reagiert mit Rötungen, Juckreiz oder Pusteln. Wer kein Make-up trägt und eine eher normale Haut hat, kann das Gesicht mit Babyseife reinigen. Für fettige oder unreine Haut sind so genannte Syndets ideal. Es gibt sie in Seifenform oder als flüssige Waschlotion. Durch ihren neutralen pH-Wert und Pflegesubstanzen erhalten sie den Säureschutzmantel der Haut.

INTERVIEW

Reinigungsmuffel ade!

Interview mit Ulrike Keller-Knobelspies, Inhaberin des Beauty-Instituts „Die kleine Tagesfarm“ in München

➤ **Die Schönheitsindustrie preist Reinigungsprodukte und Cremes mit Alphahydroxysäuren (unter dem Kürzel AHA bekannt) gerade für reifere Haut an. Was ist dran an diesen Ingredienzien?**

Ulrike Keller-Knobelspies: Die Säuren sind synthetisch herstellbar, werden aber meist aus Früchten wie Zitronen und Äpfeln und vor allem aus Zuckerrohr gewonnen. Sie beschleunigen den Abschälungsprozess der Haut. Eine Frau mit robuster Haut kann damit einen strahlend gleichmäßigen Teint erlangen. Frauen mit sensibler Haut empfehle ich Produkte mit Glykosiden, die die Generation der AHA-Säuren ablösen. Sie glätten ohne Reizungen.

➤ **Gehören Reiniger und Creme nur ins Gesicht?**

Nein, bei Reinigung und Pflege sollte man immer Hals und Dekolleté mit einbeziehen. Denn hier ist die Haut besonders dünn und mit wenig Fett ausgestattet.

➤ **Müssen alle Pflegeprodukte aus einer Serie sein?**

Das wäre wünschenswert. Denn die Inhaltsstoffe einer Serie sind meist sinnvoll aufeinander abgestimmt. Außerdem steigt bei wilden Wirkstoffmischungen auch die Allergiegefahr.

Rubbeln Sie sich jung!

Sich mit den verschiedensten Methoden verschönern zu lassen ist heute keine große Sache mehr. Ein regelmäßiges Peeling gehört dazu – ein Effekt mit Ant-Aging-Garantie. Unverzichtbar für alle, die eine Wiedergeburt der Haut herbeisehnen.

AUFWEICHENDE WASSERKRAFT

Gesichtswässer mit exfoliierenden, also beschleunigt abtragenden Super-Substanzen wie Salicylsäure oder Glycolsäure nehmen die letzten Reste des Reinigungsprodukts von der Haut und erweichen auf chemischem Wege lästige Hornschüppchen. Es gibt sie in unterschiedlichen Dosierungen (die Säurekonzentration liegt zwischen 0,01 und 5 Prozent, also im Rahmen der Bestimmungen des Arzneimittelgesetzes), mit oder ohne Alkohol – abhängig vom jeweiligen Hauttyp.

PEELINGS NACH MASS

Die mechanischen Rubbel-Peelings enthalten zumeist kleine Körnchen aus gemahlenen Natursubstanzen wie Fruchtkernen, Seesand oder Walnussschalen. Da sie jedoch aufgrund ihrer natürlichen Form uneben und spitz sein können, sind sie für eine empfindliche Haut häufig zu aggressiv. Robustere, normale oder ölige Haut übersteht die aufreibende Behandlung jedoch einmal pro Woche problemlos. Die Peelings werden in kreisenden Bewegungen in die angefeuchtete Haut massiert. Besonders verhornte Stellen auf der Nase, der Stirn oder am Kinn vertragen eine etwas intensivere Bearbeitung, auf den Wangen dagegen sanft vorgehen. Anschließend mit viel Wasser abspülen. Rubbel-Peelings sollten Sie auch meiden, wenn Ihre Haut zu Couperose oder Rosazea (Auftreten von braunroten Flecken bei Frauen mit empfindlicher Haut vor der Menopause) neigt.

Weil empfindliche Haut bei Peelings mit Rubbelkörnchen schnell rot sieht, sind Peeling-Stoffe auf Enzymbasis ideal, die sanft abgestorbene Zellen entfernen, ohne die lebenden Zellen zu schädigen oder zu reizen, aber gründliche Arbeit leisten. Diese Peelings enthalten natürliche altershemmende Wirkstoffe (häufig von der Papaya) und meist mehrere, ganz spezifisch reagierende Enzyme, die den Ablauf der Hautprozesse organisieren. Etwa ein proteinlösendes Enzym, das überalterte und verhärte-

te Zellen entfernt und gleichzeitig die Zellneubildung aktiviert. Mit von der Partie ist oftmals auch ein so genanntes lipidoaktives Enzym, das talghaltige Verunreinigungen auflöst. Oder ein beruhigendes Enzym, das die Haut noch Stunden nach dem Exfoliieren in Schutz nimmt. Enzym-Peelings gibt es als Creme oder in Pulverform. Das Pulver wird in der Hand mit etwas Wasser aufgeschäumt und sollte mindestens eine Minute in leicht kreisenden Bewegungen auf der Haut verteilt werden. Dadurch treten die Enzyme in Aktion. Anschließend mit viel Wasser abspülen. Enzym-Peelings können Sie bei stärkeren Verschuppungen dreimal pro Woche anwenden.

Für normale bis leicht empfindliche Haut sind so genannte Soft-Peelings perfekt. Sie besitzen abgerundete Schmirgelpartikel aus Kunststoff oder – noch sanfter – feine Jojobawachskügelchen, die beim Einmassieren in die Haut dahinschmelzen. Daher sind Soft-Peelings auch für zarte Partien wie Hals und Dekolleté geeignet. Sie werden nach der Reinigung auf der angefeuchteten Haut verrieben und mit klarem Wasser gründlich abgespült.

Seifenstücke besitzen eine magische Anziehungskraft gleich der von schön geformten Trüffelpralinen. Doch anders als diese enthalten Tiefenreinigungsseifen eingearbeitete Luffa-Fäden, Mandelkleie oder Aprikosenkernmehl. Wenn Sie nur einen Hauch Make-up verwenden, können Sie damit auf einen Streich die Haut reinigen und sanft polieren. Dazu die Haut anfeuchten und direkt mit dem Seifenstück in soft kreisenden Bewegungen über die Haut fahren. Die Schaumreste mit Wasser abspülen.

GESICHTSBÜRSTCHEN

Nur im Film schlummert die schöne Diva mit Make-up im Bett. Aber dort passiert bekanntlich auch sonst noch einiges, das in der Wirklichkeit keinen Platz hat. Wenn sich die weiblichen Filmstars immer so zum Schlafen legen würden, wie sie es für die Kamera tun, dann könnten sie bald nicht mehr vor dieselbe treten – außer in einem Lehrfilm über die Entstehung von Fältchen und Mitessern. Also: Zum besonders reinigenden Peeling – sollte Ihre Haut nicht gerade überaus fein sein – gehört auch eine Minibürste mit Borsten aus Kunststoff. Naturborsten sind ideale Tummelplätze für Keime, die die Haut irritieren und entzünden können. Und falls sich dennoch dunkle Schimmelflecken auf der Bürste bilden: dann ab damit in den Müll.

LUFFA-PAD

Luffas sind eine Kürbisart, die äußerlich Zucchinis ähneln. Trocknet man die Luffa-Fasern, lassen sich daraus Rubbelhandschuhe und Peeling-Schwämmchen herstellen. Gröbere sind für Körpermassagen gedacht, weichere aus kleineren Luffas eignen sich prima für ein Gesichts-Peeling. Sie sind zudem sehr hygienisch, weil sie schnell bretthart trocknen – Keime haben da wenig Chancen, sich einzunisten. Für eine Luffa-Massage die gereinigte Haut anfeuchten und in leicht kreisenden Bewegungen ohne viel Druck mit dem Schwämmchen über die Haut fahren. Geeignet für alle Hauttypen außer der sehr sensiblen Haut.

Young-Generation-Creme

Wind, Sonne mit ihrem ultravioletten Licht, Abgase, klimatisierte Büros, Bildschirme, Flugreisen, Stress: Unsere Haut muss täglich ganz schön viel einstecken. Damit sie dabei nicht alt aussieht, braucht sie Hilfe. Hervorragende Anti-Age-Kämpfer sind Cremes, die in kurzer Zeit neue Energien liefern.

FITMACHER TAGESCREME

Eine perfekte Tagescreme gibt der Haut genau den Fett- oder Feuchtigkeitsanteil, den sie braucht. Immer häufiger wird eine entsprechend zusammengesetzte Creme in zwei Versionen angeboten: mit mehr Feuchtigkeit für normale Haut und Mischhaut, mit mehr Fett für die trockene bis sehr trockene Haut. Keine Haut soll unnötig schuften. Je nach enthaltenen Wirkstoffen kann eine Tagescreme die Haut mit Vitaminen, Co-Enzym Q 10, Phytohormonen oder AHA-Säuren fit halten. Und vor freien Radikalen schützen, jenen bösartigen, kleinen Molekülen, die ein Chaos in den Hautzellen auslösen, wenn sie auf der Suche nach einem Partnermolekül unkontrolliert herumsausen. Dabei verschlingen und verflechten sich die Kollagenfasern, die eigentlich gerade angelegt sein sollten. Falten sind die Folge dieser Unordnung. Aber nicht jede Schädigung ist unwiderruflich – auf eine liebevolle Pflege reagiert sie rasch positiv.

HOCHLEISTUNGSNACHTCREME

Während wir schlafen, arbeitet die Haut auf Hochtouren. Drei bis vier Stunden nach dem Einschlafen läuft das Programm Zellreparatur und -erneuerung an. Dabei helfen der Haut Hormone wie Östrogen oder Progesteron, spezielle Enzyme – und eine gute Nachtcreme. Sie agiert beispielsweise mit Wirkstoffen wie Vitamin A (Retinol), räumt Hornschüppchen mit Glykosiden oder Lakritzwurzel beiseite und bremst zerstörerische Enzyme (die es auch gibt) mit Hefeextrakten. So manche Nachtcreme enthält zusätzlich beruhigende ätherische Öle für ein stressfreies Einschlafen. Übrigens: Um die Zeit der Geisterstunde zeigt sich die Haut sehr viel empfindlicher gegenüber schädlichen Außeneinflüssen als tagsüber. Alkohol, Zigaretten, aber auch ein Solariumsbesuch sind daher nachts besondere Beauty-Killer.

AUGENCREME MIT SEELE

Die Haut um die Augen ist ein kleines Sensibelchen. Sie ist mit 0,5 mm ungefähr so dünn wie die Haut unterhalb der harten Eierschale und drei- bis fünfmal zarter als die übrige Gesichtshaut. Die elastischen Fasern sind an dieser Stelle nur locker miteinander verbunden – das macht die Haut weniger fest und damit besonders anfällig für Knitterattacken. Weil Talg- und Schweißdrüsen auch nicht im Übermaß vorkommen, ist die Haut um die Augenwinkel herum von Natur aus sehr trocken. Und zu allem Übel zeigt sich die hiesige Durchblutung nicht von ihrer besten Seite. Dazu kommt das ständige Blinzeln und Zwinkern. Bis zu 10000 Mal pro Tag strapazieren wir den Augenmuskel. Selbst nachts in der Traumphase, auch REM (Rapid Eye Movement – schnelle Augenbewegungen) genannt, kommt das Auge nicht zur Ruhe. Wenn dies kein sicherer Garant für Krähenfüße ist! Allein der Name schmerzt. Damit aus den kleinen Zitterpartien keine Knitterpartien werden, sollten Sie dem fragilen Augenumfeld Unterstützung aus dem Cremetiegel geben – und zwar Tag und Nacht. Für tagsüber eignen sich fettfreie Augengele, sie helfen gegen Schwellungen und dunkle Augenringe und enthalten viel Feuchtigkeit. Nachts lieben es die

Augen etwas reichhaltiger. Cremes mit Vitaminen und gewebestärkenden Stoffen beugen Fältchen vor und glätten vorhandene Linien. Für ihre Anwendung gilt: mit dem Mittelfinger sanft einklopfen, und zwar vom äußeren Augenwinkel nach innen.

BLICKFÄNGER DEKOLLETÉ

Ebenfalls ein Rührmichnichtan: die Haut an Hals und Dekolleté. Sie ist sehr zart und mit wenig Talgdrüsen ausgestattet. Außerdem gehört das Dekolleté noch zu den so genannten Sonnenterrassen; UV-Strahlen treffen hier fast senkrecht auf (oder tragen Sie etwa das ganze Jahr über nur Rollkragenpullis?). Kommen schlecht sitzende BHs und eine ungünstige nächtliche Schlafposition hinzu, entstehen in diesem Bereich ganz schnell Faltenwürfe. Spezielle Hals- und Dekolleté-Cremes enthalten neben hochwertigen Fetten häufig auch Hautstraffer wie Sojaproteine oder Algen. Sie sollten immer in streichenden Bewegungen vom Dekolleté nach oben – Richtung Kinn – aufgetragen werden.

MEISTERSTREICH HANDCREME

„Das wahre Alter erkennt man an den Händen": An diesem Satz ist leider was dran. Denn die Hände sind es, die das ganze Jahr über ungeschützt Sonne und Kälte ausgesetzt sind, in heißes Wasser und scharfe Reinigungsmittel getaucht werden. Kein Wunder, wenn sie auf diese unsanfte Behandlung mit Pigmentflecken und rauer Haut reagieren. Nehmen Sie Ihre Hände täglich mit einer Handcreme in Schutz. Sie enthält Feuchtigkeit spendende Substanzen, im besten Fall auch einen Lichtschutzfilter.

Eine besondere Pflege ist für die zarte, empfindliche Haut um die Augen eine absolute Notwendigkeit.

Schachmatt für Falten

Jugendliches Aussehen hat heute Kultcharakter. Warum nicht, wenn wir unser Äußeres mit sanften Methoden optimieren können. Während Sophia Loren das Verspeisen von Spaghetti als ihr Beauty-Geheimnis offenbarte, entwickeln Forscher in High-Tech-Labors immer wirksamere Anti-Aging-Stars.

FRECHE VAMPIRE: ANTIOXIDANTIEN

Bei Ihrem Aktionsplan gegen müde Haut sollten Sie die so genannten Antioxidantien oder Radikalfänger nicht vergessen. Dazu zählen die Vitamine C und E, aber auch viele pflanzliche Substanzen wie grüner Tee, Traubenkerze oder Ginkgo-Extrakte. Sie helfen mit, Umweltschäden an der Haut zu reparieren. Vitamin C verringert Hautschäden durch zu viel Sonne, hellt Pigmentflecken auf und regt die Bildung von Kollagen an – wichtig für die Straffheit der Haut. Vitamin E ist ein toller Aufsauger von freien Radikalen. Diese aggressiven Sauerstoffmoleküle werden unter Sonneneinstrahlung aber auch durch andere Umwelteinflüsse gebildet. Sie greifen die Zellen an und nehmen so der Haut ihre Energie.

ZUKUNFT: PHYTOHORMONE

Neuester Streich auf dem Schönheitsgebiet: Cremes mit hormonähnlichen Substanzen aus Pflanzen, Phytohormone genannt. Soja beispielsweise enthält diese natürlichen Anti-Aging-Stoffe mit östrogenartiger Wirkung, ebenso der Shiitake-Pilz, Getreide und Hopfen. Sie können die typischen Anzeichen von reifer Haut wie Trockenheit, Juckreiz oder Fältchenbildung bekämpfen. Wichtig ist der hormonelle Ausgleich, da schon mit 35 der weibliche Körper sich auf die Wechseljahre einzustellen beginnt: Er produziert weniger Östrogene – was der Haut nicht zugute kommt, denn sie sorgen dafür, dass Feuchtigkeit gespeichert, straffes Bindegewebe gebildet und die Durchblutung verbessert wird. Aufpassen: Auf diesem Gebiet passiert noch einiges.

ALPHA-UND BETAHYDROXYSÄUREN

Alphahydroxysäuren (AHA) sind natürliche oder im Labor nachgebildete Fruchtsäuren, wie sie in Äpfeln, Trauben, Oliven Zitronen, Zuckerrohr oder Sauermilch vorkommen. AHAs wirken wie ein sanftes Peeling, indem sie die abgestorbenen Hautzellen lösen, die Haut weicher und klarer erscheinen lassen. In den 90ern wurden sie als Wunderwaffe gegen Hautalterung gepriesen. Doch Achtung: Für empfindliche Haut sind sie ungeeignet. BHAs wie die Salicylsäure sind mit den AHAs eng verwandt und wirken demzufolge ähnlich.

CHAMÄLEON: VITAMIN A

Reines Vitamin A wird auch als Retinol bezeichnet. In der Haut verwandelt es sich zu Vitamin-A-Säure, fördert die Zellerneuerung und hilft bei der Reparatur von Hautschäden. Es kann sogar die Bildung kleiner Blutgefäße anregen, die die Haut noch besser mit Sauerstoff und Nährstoffen versorgen. Außerdem steigert es die Fähigkeit der Haut, Feuchtigkeit zu speichern.

WEICHMACHER: HYALURONSÄURE

Hyaluronsäure ist eine Feuchtigkeit bindende Substanz, die auch in unserem Bindegewebe vorkommt. Doch für die Cremepro-

Extrakte aus den Blättern des Ginkgo-Biloba-Baumes sind wahre Meister beim Reparieren von Hautschäden.

duktion wird sie gentechnisch hergestellt. Sie füllt die Räume zwischen den Kollagenfasern aus und hält so die Haut elastisch.

EIN LUFTIKUS: SAUERSTOFF

Bereits ab 25 reduziert sich langsam der Sauerstoffgehalt in den Zellen, ab 40 sogar dramatisch. Wer zusätzlich raucht, verringert den Ozonanteil noch einmal um 30 Prozent. Folge: Die Haut sieht blasser aus, wird dünner und trockener. Lassen Sie also Ihre Haut atmen. Wissenschaftler haben deshalb Cremes mit Sauerstoffmolekülen konstruiert, die diesen Mangel wieder ausgleichen. Damit der Sauerstoff sich jedoch nicht gleich beim Öffnen des Tiegels in Luft auflöst, ist der Sauerstoff an eine dem Blut nachgebildete Substanz gekoppelt, die ihn auf diese Weise sicher in die Tiefen der Haut schleust. Auf Spaziergänge sollten Sie dennoch nicht verzichten.

TURBOSTOFFE: ENZYME

Enzyme sind die Motoren für alle Stoffwechselvorgänge im Körper. Ohne sie würde unser Körper buchstäblich stillstehen. Jedes der rund 10000 verschiedenen Enzyme im Körper hat eine ganz spezielle Funktion, einige sind für die Bildung von Kollagenfasern, andere für die Reparatur von Hautschäden zuständig. In Sonnencremes verpackt, kann beispielsweise das Enzym Endonuclease durch Sonne angegriffene Zellen reparieren. Manche Kosmetikprodukte funktionieren auch mit so genannten Enzymhemmern, die hautzerstörende Enzyme bremsen.

BODYGUARDS: CERAMIDE

Ceramide sind hauteigene Fettbausteine, die als eine Art Kittsubstanz die Zellen in der Hornschicht zusammenhalten. Ist diese Barriere defekt, kann Feuchtigkeit aus der Haut entweichen, ebenso vermögen Schadstoffe einzudringen. Eine Creme mit Ceramiden dichtet die schadhafte Schutzschicht von außen wieder ab, zudem regeneriert sie den Fett- und Feuchtigkeitshaushalt besonders von reifer und trockener Haut.

LEBENSKÜNSTLER: AMINOSÄUREN

Wissenschaftler haben kürzlich auf ungewöhnliche Art eine neue Aminosäure entdeckt. Ectoin hilft in der Natur Bakterien in Salzseen, also unter extremen Bedingungen, zu überleben. Im Hauttest zeigte sich: Ectoin ist ein toller Feuchtigkeitsspender, stärkt das hauteigene Immunsystem und macht die Haut unempfindlicher gegenüber äußeren schädlichen Einwirkungen.

KLEINER CHECK BEIM BEAUTY-DOC

Probleme mit dem **Alter?** Mal ganz ehrlich, wer hat sie nicht. Und manchmal reicht selbst die beste **Beauty-Creme** oder ein **perfektes Make-up** nicht aus, um toll auszusehen. Ganz gleich, was die Freunde sagen. Dann ist die **Zeit für kleinere oder größere „Renovierungsarbeiten"** gekommen. Aber bitte auf jeden Fall nur mit Hilfe eines **guten Dermatologen.**

Hauptsache Fassadenkorrektur

Manchmal ist eine neue Liebe, manchmal der Beruf oder einfach nur die eigene Eitelkeit der Grund, von Verschönerungen am eigenen Gesicht zu träumen. Vergessen Sie Ihre Berührungsängste. Sie können die Zeit um einige Jahre zurückdrehen – mit High-Tech, aber ohne Skalpell.

Säure auf unserer Haut

Professionelle Peelings beim Dermatologen haben mit den normalen kosmetischen Peelings aus der Tube nichts gemein. Diese revolutionären Techniken ätzen mit unterschiedlich konzentrierten Säuren eine bis mehrere Schichten der Haut weg. Dabei entsteht eine Art Schürfwunde. Die Haut wehrt sich gegen diesen Angriff, schuppt sich stark und produziert so Unmengen von Zellen. Innerhalb weniger Tage erneuert sich die oberste Hautschicht komplett, bei tieferen Peelings kommt es auch zu einer Neubildung von kollagenen Fasern. Die frische Haut darunter sieht rosig und glatter aus, Fältchen, Pigmentflecken und Mininarben werden gemildert. Ein medizinisches Peeling eignet sich übrigens nicht nur für das Gesicht. Auch Dekolleté, Handrücken oder Unterarme lassen sich mit dieser Technik behandeln.

SANFT: OBERFLÄCHEN-PEELINGS

Für diese Form des Peelings verwendet man Fruchtsäuren, meist eine aus Zuckerrohr gewonnene Glykolsäure in Konzentrationen zwischen 40 und 70 Prozent. Kosmetikerinnen arbeiten mit Konzentrationen bis 50 Prozent, Ärzte verwenden auch höhere Dosierungen. Gepeelt wird mit Säurelösungen oder Gels, die mit einem Pinsel oder Schwämmchen auf die Haut gestrichen werden. Je nach Konzentration der Fruchtsäure spürt man ein mehr oder weniger starkes Brennen auf der Haut, das aber nach wenigen Minuten nachlässt. Nach der Behandlung ist die Haut meist nur leicht gerötet. Make-up darf man schon am nächsten Tag wieder verwenden. Drei bis vier Tage nach dem Peeling beginnt die Haut sich zu schuppen, nach ungefähr einer Woche hat sich die oberste Hautschicht komplett erneuert. Häufig werden mehrere Fruchtsäure-Peelings in steigender Konzentration über einen längeren Zeitraum durchgeführt. Ungefähr vier Wochen vor der Behandlung wird die Haut mit speziellen Vitamin-A- oder Fruchtsäure-Cremes vorbereitet. Oberflächen-Peelings sind ideal für eine Haut, die zu größeren Unreinheiten und Mitessern neigt. Außerdem flacht es feine Aknenarben ab und hellt Pigmentstörungen auf.

EFFEKTVOLL: TIEFEN-PEELINGS

Wenn sich die Falten schon etwas tiefer eingegraben haben, helfen mitteltiefe bis tiefe Peelings. Sie dringen so weit in die unterste Schicht der Oberhaut vor, dass die Neubildung von kollagenen Fasern angeregt wird. Das wiederum hat einen echten Lifting-Effekt zur Folge. Das Ganze ist jedoch ein größerer Eingriff in die Hautstruktur und daher schmerzhaft. Entsprechend ist eine Vollnarkose angebracht. Gepeelt wird mit Trichlor-Essigsäure (TCA), ganz selten mit Phenol. Letzeres ist umstritten: Es glättet die Haut zwar ungemein ebenmäßig, dringt aber in die Blutbahn ein und kann daher innere Organe wie Leber, Niere und Herz schädigen. Außerdem bekommt die Haut dadurch einen wachsartigen Teint. Nach einem Tiefen-Peeling ist die Haut rund 14 Tage stark gerötet und aufgequollen – am besten in dieser Zeit Urlaub nehmen. Dann bildet sich eine Kruste, die irgendwann von selbst abfällt. Die straffende Wirkung setzt jedoch erst nach zwei bis drei Monaten ein. Eine Variante des TCA-Peelings ist das „Blue Peel" des amerikanischen Peeling-Gurus Dr. Zein Obagi. Er mischt Trichlor-Essigsäure in einer Konzentration von 50 Prozent mit einer blauen Flüssigkeit. Durch die Stärke der Blaufärbung soll der Arzt besser erkennen können, wie tief die Säure in die Haut eingedrungen ist. Entscheidender Nachteil: Das Gesicht bleibt zwei Tage blau.

EINMAL SANDSTRAHLEN, BITTE!

Die Hautstruktur verfeinern, das funktioniert auch durch gekonntes mechanisches Abschleifen der Haut. Bei der Dermabrasion tragen rotierende Schleifköpfe die Haut Schicht für Schicht ab. Das Ganze ist schmerzhaft und wird unter Vollnarkose in einem OP vorgenommen. Nach der Behandlung bildet sich ein Schorf auf der Wundfläche, das Gesicht kann über mehrere Wochen gerötet sein. Schleift der Arzt zu tief, riskiert er hässliche Narben. Die Micro-Dermabrasion funktioniert anders. Bei dieser Technik werden feinste Mikrokristalle mittels Druckluft auf die Haut geblasen. Das tut nicht weh, fühlt sich aber so an, als würde ein feiner Bimsstein über die Haut fahren. Hinterher ist das Gesicht für eine Stunde gerötet, Make-up ist sofort erlaubt. Ärzte nennen diese Technik auch „Lunchtime-Peeling", weil man gleich wieder gesellschaftsfähig ist.

Lifting-Effekt: Ein professionelles Peeling regt die Neubildung der obersten Hautschicht an.

TIPP

So finden Sie Ihren Arzt

- Mundpropaganda: Fragen Sie Ihre Kosmetikerin oder auch den Friseur nach guten Adressen. Sie alle hören viel von Kundinnen und geben daher oft gute Tipps.
- Ärzte-Check: Fragen Sie den Arzt Ihrer Wahl nach seiner Fachausbildung. Denn in Deutschland dürfen leider auch Zahnärzte Schönheitsoperationen durchführen. Mit einem Hautproblem sind Sie bei einem Dermatologen am besten aufgehoben.
- Wenn Ihnen ein Arzt unsympathisch ist oder Ihnen die Behandlungsmethode nicht zusagt – lassen Sie sich noch von anderen Dermatologen beraten. Es ist wichtig, dass Sie zu dem Arzt ein gutes Verhältnis aufbauen. Denken Sie daran, Sie vertrauen ihm Ihr Gesicht an – und vielleicht noch mehr.
- Patiententipps: Falls Sie einen größeren Eingriff planen, können Sie Ihren Chirurgen um Kontakte zu Expatientinnen bitten. Ein seriöser Arzt wird dafür Verständnis haben.
- Fotobeweis: Lassen Sie sich vom Arzt Vorher-Nachher-Fotos oder -Filme zeigen, aber auch Bilder, die direkt nach dem von Ihnen gewünschten Eingriff aufgenommen worden sind. Gute Ärzte bagatellisieren nichts und informieren ehrlich über mögliche Risiken der Behandlungsmethode.

Schnell straff mit Licht

Eine Laserbehandlung ist die High-Tech-Methode gegen Falten schlechthin. Laser arbeiten mit stark gebündeltem Licht unterschiedlicher Wellenlänge. Ihre Power ist enorm: So strahlt etwa beim CO2-Laser die Energie von Millionen von 100-Watt-Glühbirnen auf das wasserhaltige Hautgewebe und verdampft es. Je nach Faltentiefe und Hautareal kommen drei unterschiedliche Laser zum Einsatz.

STARKE SACHE: CO2-LASER

Der ultragepulste Kohlendioxidlaser arbeitet im Infrarotbereich. Er dringt nicht tief in die Haut ein, sondern trägt die Haut an ihrer Oberfläche in hauchfeinen Schichten ab, ohne dass ein Tropfen Blut fließt. „Skin-Resurfacing" nennt der Fachmann diese Vorgehensweise. Die Hitze-Impulse des Lasers sind derart kurz, dass tiefer liegendes Gewebe geschont wird und die Haut nicht verbrennen kann. Durch die Wärmeeinwirkung ziehen sich die kollagenen Fasern zusammen, die Haut wirkt in der Folge wieder straffer und jünger. Auch wenn einige Ärzte wenig zimperlich mit diesem Eingriff umgehen: Ein Laser-Lifting ist keine Behandlung, die man kurzfristig in der Mittagspause hinter sich bringt. Nach der rund einstündigen Behandlung des ganzen Gesichts ist die Haut stark geschwollen und sieht extrem gerötet aus – wie nach einem heftigen Sonnenbrand. Die Behandlung selbst ist nicht ganz schmerzlos. Einige Patienten haben das Gefühl „als ob ein Gummiband gegen die Haut schnalzt", andere sprechen von „feinen Nadelstichen". Je nach Größe des zu lasernden Areals sind eine Betäubungssalbe, manchmal auch ein Dämmerschlaf nötig. Die Wundfläche muss anfangs mit einer hauchdünnen Spezialfolie vor Infektionen geschützt und später mit Salben geschmeidig gehalten werden. Die starke Rötung nimmt nach zwei bis drei Wochen ab, ein leichter Hummerton im Gesicht kann allerdings einige Monate anhalten. Direkte Sonnenbestrahlung sollte in den ersten Monaten nach dem Eingriff Tabu sein, sonst drohen Pigmentstörungen. Am besten immer nur mit einem Sunblocker aus dem Haus gehen und den Eingriff in sonnenarme Jahreszeiten legen. Der CO2-Laser kann auch tiefere Falten, wie sie etwa durch zu viel Sonne entstehen, wieder glätten.

Der Einsatz von Lasern gehört zu den sanfteren Beauty-Therapien. Meist sind mehrere Sitzungen notwendig.

ZARTGEFÜHL: ERBIUM-YAG-LASER

Der Erbium-Yag-Laser ist ein langwelliger Laser, der ebenfalls an der Oberfläche der Haut arbeitet. Er trägt die Hautschichten weniger aggressiv ab und es kommt zu keiner derart starken Erhitzung des Gewebes wie beim Einsatz des CO2-Lasers. Trotzdem ziehen sich die Kollagen-Fasern zusammen – die Grundvoraussetzung für einen Straffungseffekt der Haut. Die Rötungen nach der Behandlung halten etwa zwei Wochen an, nach einer Woche darf man schon wieder Make-up auftragen. Der Erbium-Yag-Laser eignet sich für Augenfältchen sowie für Kräuselfältchen an der Oberlippe, nicht aber für tiefere Falten.

MINI-SOFTIE: COOL-TOUCH-LASER

Wer ein bisschen frischer und jünger aussehen möchte, aber den doch recht großen medizinischen Eingriff eines Skin-Resurfacings mit dem CO2- oder Erbium-Yag-Laser scheut, sollte das so genannte „Subsurfacing“ in Erwägung ziehen. Es wird beispielsweise mit dem Cool-Touch-Laser durchgeführt. Die oberste Hautschicht bleibt bei dieser Behandlung völlig intakt, das Laserlicht dringt lediglich in das Bindegewebe ein und sorgt dafür, dass die Kollagen-Fasern, die an Festigkeit verloren haben, sich wieder zusammenziehen. Für diesen Eingriff ist eine Betäubung nicht notwendig, Sie können sich sogar schon am nächsten Tag wieder im Job sehen lassen. Und auch auf die Sonne müssen Sie nach diesem Eingriff nicht verzichten – doch bitte nur in geringen Dosen genießen. Das Resultat eines fachgerecht durchgeführten Resurfacings soll mehrere Jahre anhalten. Am besten sind die Ergebnisse, wenn das gesamte Gesicht behandelt wird. Der weitere Alterungsprozess kann allerdings auch durch die beste Lasertherapie nicht aufgehalten werden, vor allem, wenn weiterhin die Sonne „vergöttert“ wird.

Falten-Füller

Stellen Sie sich einfach mal eine Falte bildlich vor. Eigentlich ist sie nichts anderes als ein mehr oder weniger tiefes Tal zwischen zwei Bergen. Schütten Sie dieses Tal mit Sand zu, ist es irgendwann nicht mehr als Einbuchtung zu erkennen. So ungefähr lassen sich die diversen Faltenunterspritzungsmethoden am einfachsten erklären. Unter die Falten werden Biostoffe wie Kollagen, Hyaluronsäure und Eigenfett, kombiniert mit Kunststoff- oder Zuckerkügelchen, gespritzt. Sie bilden ein Polster und lassen so die tiefen Täler des Lebens weniger gigantisch erscheinen. Außerdem gibt es füllendes Fasermaterial wie Goretex oder Goldfäden, die gleichzeitig das Gewebe straffen können. Ein Sonderfall ist Botox, ein Nervengift, das Mimikfältchen zeitweise einfach lahmlegt. Madonna schwört darauf.

BIOSTOFFE

Diese Stoffe werden zumeist im Labor hergestellt, kommen aber auch im menschlichen Körper vor und sind deshalb sehr verträglich. Allergien oder Irritationen treten nur äußerst selten auf. Hier diverse Möglichkeiten:

PRALLER KUSS AUS DER RETORTE

Die mädchenhafte Meg Ryan hat aufgerüstet: Mit Hyaluronsäure ließ sie sich einen üppigen Mund formen. Einen sexy Mund sozusagen. Hyaluronsäure wird gentechnisch hergestellt und direkt unter die Falte gespritzt. Der Aufplusterungseffekt hält etwa drei bis acht Monate an. Dann ist die Substanz abgebaut. Wer stark raucht oder viel in der Sonne liegt, riskiert eine noch kürzere Haltbarkeit. Die Retortensäure eignet sich für kleine Fältchen um Mund und Augen, ebenso für die Nasolabial-Falte.

SPRITZTOUR MIT EIWEISS

Von ihrem schmallippigen Dasein hatte auch Ex-Spice-Girl Geri Halliwell genug. In einer Privatklinik ließ sie sich ihre Lippen mit Kollagen auffüllen. Das pralle Resultat ist nun nicht mehr zu übersehen. Kollagen ist ein Eiweiß, aus dem der Großteil unseres Bindegewebes besteht. Das Kollagen zur Unterspritzung von Falten wird aus Rinderhäuten gewonnen. Keine Angst vor BSE: Das in Deutschland zugelassene Kollagen stammt aus kontrollierten Herden. Die Substanz spritzt der Arzt unmittelbar und gleichmäßig verteilt unter die Knitterrille. Damit die Schmerzen erträglich sind, wird dem Eiweißmaterial direkt ein Betäubungsmittel zugesetzt. Die Einstichstellen sind nach der Behandlung für einige Stunden gerötet. Tierisches Kollagen verträgt der Körper normalerweise sehr gut, weil es dem menschlichen sehr ähnlich ist. Etwa drei Prozent aller Frauen reagieren auf die Substanz mit Rötungen oder Schwellungen. Deshalb geben seriöse Ärzte vier Wochen vor der Spritztour eine Testinjektion in den Oberarm. Bleibt eine Reaktion aus, kann die eigentliche Behandlung starten. Mit wiederholten Unterspritzungen steigt das Allergierisiko, außerdem kann sich die Haut mit der Zeit leicht verdicken. Kollagen wird ähnlich schnell wie Hyaluronsäure abgebaut. Es ist geeignet für Plisseefältchen über der Oberlippe, abgesackte Mundwinkel, hartnäckige Krähenfüße sowie für tiefere Falten im Stirnbereich.

KNACKIG IM EIGENEN FETTNAPF

Superstar Cher hat ein klares Ziel: Mit 60 will sie noch so aussehen, dass sich die Männer nach ihr umdrehen. Dazu lässt sie sich regelmäßig die Wangen mit Eigenfett aufpolstern. Der persönliche Stoff ist garantiert allergiefrei, weil er ja aus dem eigenen Körper stammt. Die Entnahme ist allerdings aufwendig: In einer Lokalanästhesie und unter OP-Bedingungen saugt der Chirurg

Schönheit ist heute kein Geschenk der Götter mehr. Eine Unterspritzung mit Biostoffen lässt Falten verschwinden.

das Fett mittels einer stumpfen Kanüle aus Po, Bauch oder Oberschenkeln ab. Das Fett wird gereinigt und an den entsprechenden Stellen im Gesicht implantiert. Manche Ärzte legen auch so genannte Fettbänke für ihre Patienten an. Diese Fettdepots lagern bis zu drei Jahren tiefgekühlt in speziellen Kühlschränken und können so für weitere Injektionen aufbereitet werden. Denken Sie aber dran: Die Entnahme des Fetts ist nicht schmerzfrei und birgt ein Risiko. Außerdem wird es vom Körper bis zu 60 Prozent wieder abgebaut. Eigenfettunterspritzungen eignen sich auch für tiefere Falten und zum Aufpeppen von schmalen Lippen.

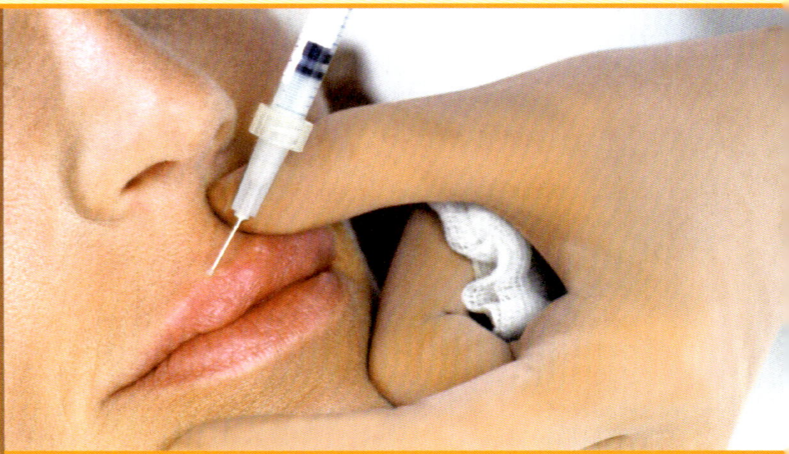

Nur ein kleiner, fast schmerzfreier Piks – und die Lippen erscheinen üppiger.

KOMBISTOFFE

Kombinierte Unterspritzungssubstanzen unterscheiden sich von den Biostoffen dadurch, dass sie eine natürliche Substanz wie Kollagen oder Hyaluronsäure mit einem nicht abbaubaren Inhaltsstoff verbinden, also beständiger sind.

KUNSTVOLLE COCKTAILS

Artecoll ist ein Mix aus Kollagen und winzigen, mit dem bloßen Auge nicht sichtbaren Kunststoffpartikelchen (PPMA). DermaLive setzt sich aus Hyaluronsäure und einem Acryl-Hydrogel zusammen. Artecoll sollte immer nur von Könnern dieser Methode gespritzt werden. Denn bei dem Material ist es besonders wichtig, dass der Arzt eine punktuelle Unterspritzung der Falte vermeidet, andernfalls können die Kunststoffpartikel tastbar sein. Das Risiko besteht bei DermaLive nicht: Die Hydrogel-Partikelchen sind superfein, Knubbel können unter der Haut nicht entstehen. Geeignet für Lippenvergrößerungen und Mimikfältchen.

Reviderm Intra wiederum ist ein neuartiges Gemisch aus Hyaluronsäure und flexiblen Zuckerpartikeln. Es regt den Körper an, neues Bindegewebe zu bilden und so die Falte von unten her natürlich aufzupolstern. Die süße Wirkung hält bis zu vier Jahre an. Ideal bei Nasolabial-Falten, Mund- und Augenfältchen sowie zum Aufplustern von Lippen.

ACHTUNG SILIKON!

Silikonöl ist in Deutschland zur Faltenunterspritzung verboten. Mit gutem Grund: Anfangs sind die Ergebnisse scheinbar hervorragend, denn das Silikon verteilt sich besonders gleichmäßig unter der Falte und polstert sie wunderbar auf. Doch die winzig kleinen Silikonmoleküle können sich selbstständig machen und unter der Haut wandern. Plötzlich entstehen auf der Nase oder am Kinn unerwünscht hässliche Dellen. Das ist umso schlimmer, als das Silikon sich nicht vollständig auflöst. Dennoch unterspritzen immer noch einige schwarze Schafe unter den Ärzten in Deutschland Falten mit dieser Substanz. Deshalb: Falls Sie Zweifel haben, lassen Sie sich vom Arzt die Originalverpackung des Spritzmaterials zeigen.

AUF DEN FADEN GEKOMMEN

Die französische Diva Cathérine Deneuve schwört auf Goldfäden. Mehrere Meter dieser reinen 24-karätigen Fäden sollen in ihrem Gesicht verwebt sein. In Frankreich ist diese Methode seit 30 Jahren sehr populär, aber auch viele deutsche Ärzte setzen sie in bestimmten Gesichtspartien immer häufiger ein. So geht's: Zunächst wird das zu behandelnde Areal örtlich betäubt, dann zieht der Chirurg 0,1 mm dünne Goldfäden mit einer Nadel gitterförmig unter die Haut. Die Ein- und Ausstichstellen müssen für einen Tag mit einem Pflaster abgedeckt bleiben. Je mehr Goldfäden verwendet werden, umso besser ist das „Bügelergebnis". Nach einiger Zeit umschließt das hauteigene Bindegewebe die Fäden. Dadurch nimmt die Elastizität der Haut zu, sie wirkt straffer und besser durchblutet. Anfängliche Spannungsgefühle und leichte Blutergüsse an den Einstichstellen sind normal. Die Goldfäden-Methode ist ideal für erschlaffte Hautpartien (Doppelkinn!).

SEILSCHAFTEN

Vermutlich kennen Sie Goretex von atmungsaktiver Trainingsbekleidung und Sportschuhen. Doch in der Medizin wird dieses High-Tech-Material – wenn auch anders aufbereitet – schon lan-

Hochkarätig: Schauspielerin Cathérine Deneuve trotzt dem Älterwerden mit unterlegten Goldfäden.

ge eingesetzt. Orthopäden reparieren damit Knochen, Chirurgen verwenden es als Venenersatz. Inzwischen kommt es auch in der Beauty-Chirurgie als kleine Wunderwaffe gegen Falten zum Einsatz. Zum Auffüllen der Lebenslinien verwenden Ärzte 1,5 mm dicke Goretexfäden. Sie werden mit einer Minikanüle unter dem Faltenverlauf eingezogen. Das klingt schlimmer, als es ist: Durch eine örtliche Betäubung spürt man den Eingriff kaum, das Fadenende verschwindet unter der Haut. Goretexstränge werden vom menschlichen Körper sehr gut vertragen, die Allergiegefahr geht gegen Null. Einige Tage nach dem Eingriff sind die Einstichstellen rot und geschwollen, zwei bis drei Tage Urlaub sollte man schon einplanen. Die Methode wird vor allem bei der Nasolabial-Falte eingesetzt. Auch schmale Lippen bekommen hiermit die Chance, eine gewisse Üppigkeit an den Tag zu legen. Dabei wird jeweils ein Faden von der Lippenmitte bis hin zum Mundwinkel gezogen.

INTERVIEW

Botox: Gift für die Falte

Interview mit Dr. Stefan Duve, Dermatologe und Laserexperte in München

➤ **Madonna lässt sich gerne Botox spritzen. Was ist eigentlich in dieser Verjüngungsspritze drin?**

Stefan Duve: Botox steht für Botulinumtoxin A, ein starkes Gift, das aus Bakterien gewonnen wird.

➤ **Klingt nach Risiko für den Einsatz im Beauty-Bereich?**

Keine Angst, gegen Falten wird das Gift in einer sehr niedrigen, absolut ungefährlichen Dosis gespritzt.

➤ **Und was bewirkt es im günstigen Fall?**

In die Muskeln injiziert, beugt es durch eine Lähmungsreaktion der Faltenbildung vor. Muskeln um Augen und Stirn werden so außer Gefecht gesetzt. Stirnrunzeln ist praktisch nicht mehr möglich.

➤ **Botox wird auch bei Frauen eingesetzt, die besonders in den Wechseljahren sehr stark schwitzen ...**

Ja, denn Botox blockiert die Aktivität eines Nervenbotenstoffs, des Acetylcholins. Dieser reguliert die Schweißproduktion des Körpers. Spritzt man Botox etwa in die Achselhöhle oder die Handinnenfläche, schwitzt man deutlich weniger – ein wahrer Segen für viele Menschen.

Kleine Beauty-Makel ganz soft weggezaubert

Muttermale können, wie bei Top-Model Cindy Crawford, gerade noch sexy aussehen. Bei roten Äderchen, Narben oder Pigmentflecken wird's schon schwieriger. Sie sind einfach nur störend. Ärzte können gegen diese Mängel sanft vorgehen. Keine Angst – zurück bleibt nichts als schöne Haut.

NIE WIEDER ROT SEHEN

Es ist schon lästig, wenn das Gesicht ständig so aussieht, als wäre man gerade dem davonfahrenden Bus hinterhergehetzt. Couperose nennt der Fachmann die roten Äderchen, die sich mit Vorliebe auf den Wangen oder der Nase zur Schau stellen. Ursache ist vermutlich eine angeborene Gefäßschwäche, die durch äußere Einflüsse noch verstärkt werden kann. Früher wurden rote Äderchen oft mit der elektrischen Nadel verödet. Die Folge waren nicht selten kleine weiße Narben. Zudem war die Prozedur äußerst langwierig und ziemlich schmerzhaft. Heute setzen Ärzte spezielle Gefäßlaser wie etwa den gepulsten Farbstofflaser ein. Sein gebündelter Lichtstrahl zielt nur auf den roten Blutfarbstoff, verschweißt die erweiterten Gefäße und lässt das umliegende Gewebe völlig unversehrt. Die Korrektur kann vor allem um die Nase herum etwas schmerzhaft sein. Bei sehr empfindlichen Patienten trägt der Arzt deshalb eine Betäubungssalbe auf. Meist sieht man schon nach einer Sitzung eine deutliche Besserung der Rötungen. Bei einer großflächigen Couperose sind jedoch mehrere Sitzungen nötig, bis die Äderchen verschwunden sind. Temporäre blaue Flecken (Hämatome), wie sie noch vor einigen Jahren nach dem Laserbeschuss vorkamen, treten jetzt kaum noch auf. Narben bleiben ebenfalls so gut wie nie zurück. Mindestens vier Wochen lang sollte man nach der Laser-Behandlung die Sonne meiden oder nur mit Sunblocker aus dem Haus gehen. Deshalb den Eingriff am besten im Herbst oder im Winter machen lassen. Ob die roten Äderchen schnell oder gar nicht wiederkommen, hängt von der Veranlagung ab. Gefördert wird die Couperose jedenfalls durch ausgedehnte Sonnenbäder, Sauna, Wind, Kälte, Alkohol oder scharfe Gewürze. Aber auch aggressive Rubbelcremes, Thermomasken und alkoholhaltige Gesichtswasser sollten tabu sein.

GANZ UND GAR NICHT IM TREND: SPINNENNETZE

Sie schlängeln sich wie filigrane Vernetzungen über die Beine und verleiden vielen Frauen die Bikinisaison: Besenreiser. Das sind ebenfalls kleine erweiterte Gefäße, die rötlich blau schimmern. Sie können, müssen aber nicht Zeichen einer beginnenden Venenerkrankung sein, manchmal entstehen sie auch nach der operativen Entfernung von Krampfadern. Häufig tauchen sie nach längerer Sonneneinwirkung oder nach extremer Kälte oder Wärme auf. Besenreiser sind besonders schwierig zu behandeln. Das liegt an ihrer Farbe und Lage unter der Haut. Lediglich winzige Besenreiser lassen sich mit dem Farbstofflaser problemlos entfernen. Bei größeren Besenreisern setzen Ärzte lieber auf die klassische Verödungstherapie. Dabei werden die Gefäße mittels einer eingespritzten Lösung verklebt. Das brennt etwas, hinterlässt aber außer eventuellen Blutergüssen an den Einstichstellen keinerlei Spuren. Bei stark ausgeprägten Veränderungen im Gesicht sind auch Hautabschleifungen möglich. Wer zusätzlich zu den Besenreisern noch unter Schmerzen in den Beinen, Schwellungen an den Knöcheln oder gar Krampfadern leidet, sollte seine Beine bei einem Venenspezialisten (Phlebologen) durchchecken lassen.

FEUERMELDER ADE!

Die mehr oder weniger großflächigen Feuermale im Gesicht sind angeboren. Manche Betroffene fühlen sich durch diesen auffälligen Makel so entstellt, dass sie seelische Probleme bis hin zu Depressionen entwickeln. Heute können (und sollten) diese bläulich roten Male bereits im Kleinkindalter entfernt werden. Das war bisher wegen des großen Narbenrisikos nicht möglich. Mit Hilfe von speziellen Gefäßlasern ist der Eingriff sogar schon bei Säuglingen möglich. Für Schmerzfreiheit sorgen spezielle lokalanästhesierende Salben. Aber natürlich sind auch im Erwachsenenalter Entfernungen des Feuermals möglich. Je nach Ausmaß sind zwischen vier und zwölf Lasersitzungen beim Dermatologen nötig.

ABSCHIED MIT FREUDEN: WARZEN

Bislang wurden sie weggeschnitten, wobei oft Narben zurückblieben. Mit dem neuen gepulsten Farbstofflaser lassen sie sich spurlos zum Verschwinden bringen – ob im Gesicht, an den Händen oder sogar an den Fußsohlen. Auch die Gefahr, dass direkt daneben eine neue Warze entsteht, ist bei dieser Methode sehr viel geringer.

TIPP

Schöne Tarnung

Nicht jeder will sich seine kleinen Störenfriede mittels Laser entfernen zu lassen. Trotzdem muss niemand seine augenfälligen Beauty-Mängel ständig zur Schau stellen. Bei geschicktem Einsatz stark pigmentierter Kosmetika lässt sich auf dem Wege der optischen Täuschung eine Menge erreichen. Für Besenreiser und Feuermale ist das Camouflage-Make-up ideal, wenn es exakt dem eigenen Hautton entspricht. Camouflage-Make-up wird hauchdünn aufgetragen und anschließend mit einem Spezialpuder fixiert. Wer nur einige wenige rote Äderchen wegschattieren möchte: Eine grüne Abdeckcreme unter dem normalen Make-up „schluckt“ die Rötung, da Grün die Komplementärfarbe zu Rot ist.

Gar nicht verschossen in die Sommersprossen?

Ein Pigmentfleck ist nicht gleich ein Pigmentfleck. Ärzte unterscheiden zwischen Altersflecken im Gesicht und an Händen, die ähnlich wie Sommersprossen relativ leicht zu entfernen sind, und den wesentlich hartnäckigeren Chloasmen oder Melasmen.

DER FLECK MUSS WEG

Als Melasma oder Chloasma bezeichnet man meist symmetrisch auf beide Gesichtshälfen verteilte, scharf begrenzte bräunliche Verfärbungen. Sie werden häufig durch die Kombination von Hormonen (Pille, Schwangerschaft, Wechseljahre) und Sonne, manchmal auch durch bestimmte Inhaltsstoffe in Parfums ausgelöst. Diese Pigmentflecken sind äußerst beharrlich, werden häufig in der sonnenarmen Jahreszeit etwas blasser, dunkeln aber bei den ersten Sonnenstrahlen sofort wieder nach. Es gibt inzwischen so genannte kosmetische Whitening-Cremes auf dem Markt. Doch sie eignen sich lediglich dafür, leichte Teintverfärbungen aufzuhellen, bei dunklen Pigmentstörungen zeigen sie keinerlei Ergebnis. Wirksamer sind medizinische Bleichcremes, die nur der Arzt verschreiben darf. Sie enthalten Substanzen, die die Pigmentzellen dazu anregen, weniger braunmachendes Melanin zu bilden. Wichtig: Die Bleichcremes müssen konsequent über einen Zeitraum von mehreren Monaten angewendet werden. Sonne sollte in dieser Zeit tabu sein. Als normale Tagespflege deshalb unbedingt eine Creme oder ein Make-up mit einem hohen Lichtschutzfilter (LSF 15 oder 20) auftragen, im Sommer sogar eine Sunblock-Creme (LSF 25 und höher) verwenden. Der Laser ist in Sachen Pigmentflecken leider keine gute Wahl. Einige Pigmentflecken reagieren unvorhersehbar auf das gebündelte Licht, werden teilweise sogar noch dunkler. Denken Sie dran: Auch bestimmte Duftstoffe in Parfums – wie etwa Bergamotteöl in Kombination mit Alkohol – können zu Hautverfärbungen führen. Deshalb in der Sonne ganz auf Duft verzichten oder auf die alkoholfreie Sommerversion ihres Lieblingsduftes umsteigen. Auch stimmungsaufhellende Medikamente mit Johanniskraut können die Haut lichtempfindlicher und damit anfälliger für Pigmentflecken machen.

DESIGNFÄHIGES FARBENSPIEL

Normalerweise sind die Pigmentzellen gleichmäßig über die Haut verteilt. Manchmal rotten sie sich allerdings zusammen und treten dann geballt als Altersflecken oder Sommersprossen im Gesicht und an den Händen auf. Ihr Vorteil gegenüber den oben beschriebenen Melasmen oder Chloasmen: Sie liegen nicht so tief in der Haut und können deswegen wesentlich leichter entfernt werden. Besonders gute kosmetische Ergebnisse erzielt man heute mit dem gepulsten Rubinlaser oder dem Nd-Yag-Laser. Letzterer entfernt beide Arten von Pigmentstörungen meist innerhalb von wenigen Sitzungen, und das so gut wie schmerzfrei. Wichtig nach der Behandlung: Gesicht und Hände in den ersten Monaten mit einem Sunblocker schützen, später auf Cremes mit Lichtschutzfilter umsteigen. Nur so haben Sie die Gewähr, dass die Flecken nicht sofort wiederkommen.

KLEINE BIESTER

Für die meisten sind sie eine Begleiterscheinung der Pubertät: Pickel und Mitesser. Doch vielen bleiben diese misslichen Begleiter bis ins Erwachsenenalter erhalten – Boshaftigkeit möchte man ihnen geradezu unterstellen –, andere bekommen plötzlich mit 45 die ersten Pusteln ihres Lebens. Über die Ursachen der Erwachsenenakne ist leider noch wenig bekannt. Hormonelle und psychische Faktoren spielen aber eine große Rolle. Stress beispielsweise setzt die Hormone Cortisol und Adrenalin frei und verstärkt dadurch die Wirkung männlicher Hormone im Körper, mithin ein Aknefaktor. Was wenige wissen: Auch Jod oder Vitamin B können Unreinheiten der Haut auslösen. Schwierig ist die Pflege von unreiner, aber gleichzeitig reifer Haut. Verzichten Sie unbedingt auf Teenagerserien gegen Pickel, sie trocknen die Haut aufgrund ihres hohen Alkoholgehalts nur unnötig aus. Wichtig sind milde, seifenfreie Reinigungsfluids und regelmäße Peelings, um die Haut von Verschuppungen zu befreien, die die Poren verstopfen und damit die Bildung von Pickeln begünstigen. Dermatologen können außerdem mit Schälmitteln wie Benzyolperoxid, Vitamin-A-Säure oder Azelainsäure helfen. Für hartnäckigere Fälle gibt es Antibiotika zum Auftragen auf die Haut oder zum Schlucken als Kapseln. Mitesser werden durch Talg verursacht, der die Poren verstopft. Sie nehmen oftmals eine gräuliche Verfärbung an, die dadurch zustande kommt, dass der Talg an der Luft oxidiert. Zur Behandlung hilft ein Dampfbad. Dabei halten Sie Ihr Gesicht unter einem flauschigen Handtuch über sehr heißes Wasser (nicht bei Couperose). Setzen Sie Kamille, Salbei und Echinaceakraut oder -tinktur hinzu. Verwenden Sie sanfte Masken, die vor allem aus Kaolin bestehen (die Tonerde wird besonders in der chinesischen Beauty-Kunst zur Absorbierung von Fettsubstanzen angewendet). Auch regelmäßige Gesichtsbehandlungen bei einer Kosmetikerin können helfen. Drücken Sie Pickel nie aus, da dadurch eine Infektion entstehen kann, die hässliche Narben zurücklässt.

Sommersprossen können sexy wirken, aber auch störend, wenn sie überhand nehmen.

Ein kleiner „Fehler“, aber zu schön, um ihn zu entfernen: das Muttermal von Starmodel Cindy Crawford.

Lästige Souvenirs

Sie werden uns entweder schon in die Wiege gelegt oder erinnern an Unfälle, Schwangerschaften oder Jo-Jo-Diäten: Muttermale, Rosacea, Narben oder Dehnungsstreifen. Nicht selten zehren sie heftig am Selbstbewusstsein.

ERKENNUNGSZEICHEN

Auf Kinn, Nase oder Stirn werden sie oft zum unfreiwilligen Hingucker: bräunliche Muttermale. Sie können heute sehr gut mit Lichtwellen entfernt werden. Dazu nehmen die Ärzte den gleichen Laser, der auch zur Faltenglättung eingesetzt wird. Er trägt das erhabene Mal in extrem feinen Schichten einfach ab, durch die superkurzen Lichtimpulse wird das umliegende Gewebe nicht beschädigt. Wichtig: Nur medizinisch unauffällige, leicht hervorgehobene und eindeutig gutartige Muttermale – ein Dermatologe kann das erkennen – sollten gelasert werden. Bei verdächtigen Malen ist es nicht angebracht, das hochenergetische Licht einzusetzen. Noch ist ungewiss, welche Wirkung es auf die Hautveränderung haben könnte.

SCHWIERIGER FALL: ROSACEA

Besonders hellhäutige Frauen zwischen 35 und 50 sind von ihr betroffen. Die Rosacea (Kupferfinne) zeigt sich zunächst mit fleckenförmigen Rötungen auf Nase, Stirn und Wangen. Später entstehen akneähnliche Pusteln und die Blutgefäße erweitern sich. Manchmal treten diese Erscheinungen nur schubweise auf, bei anderen werden sie zu einem lebenslangen Programm. Die Ursachen sind weitgehend unbekannt, vermutet wird eine erbliche Veranlagung oder auch innere Erkrankungen. Hormonschwankungen, aber auch unspezifische Reize wie seelischer Stress, Sonnenlicht, scharfe Gewürze, Alkohol oder zu heiße Getränke können die Rötung verschlimmern. Ärzte behandeln die Rosacea unter anderem mit Antibiotika wie etwa Tetracyclin, in schwierigen Fällen auch mit Tretinoin, einem Abkömmling der Vitamin-A-Säure. Gegen emotionalen Stress helfen asiatische Entspannungstechniken wie Yoga oder Tai Chi. Optisch kann man die Hautveränderungen mit einem Camouflage-Make-up (siehe Tipp S. 67) in den Griff bekommen.

EBENMASS IST ANGESAGT

Mag ja sein, dass sie einigen männlichen Gesichtern diesen markant verwegenen Eindruck verleihen, normale Menschen können jedoch auf Narben gerne verzichten. Sie entstehen immer dann, wenn die Haut auf irgendeine Weise verletzt wird. Der Körper repariert diese Wunde mit Ersatzgewebe, das sehr faserreich und wenig elastisch ist. Je nach Alter, Hautpartie, aber auch Hautfarbe entstehen dann mehr oder weniger auffällige „Souvenirs". Bei der Behandlung kommt es stark auf die Art der Narben an. Leicht eingesunkene, kraterähnliche Narben, wie sie etwa nach einer schweren Akne auftreten, sind ein Fall für den ultrahochgepulsten CO2-Laser. Er trägt die Ränder der Narbe hauchfein ab und passt sie wieder dem übrigen Hautniveau an. Aber auch ein Tiefen-Peeling mit Fruchtsäure in höheren Konzentrationen oder Trichlor-Essigsäure führt zu einer zarteren Haut. Sind die Narben rötlich und flach oder auch leicht erhaben, glättet und hellt sie der gepulste Farbstofflaser auf. Zusätzliche Elastizität erhält die Haut durch ein tägliches Einreiben mit Narbensalben oder einem Vitamin-E-haltigen Hautöl. Schwieriger zu behandeln sind dicke, wulstige Narben, wie sie manchmal nach schweren Unfällen zurückbleiben. Hier helfen Narbenpflaster und selbsthaftende Silikon-Pads, die über einige Wochen Tag und Nacht auf dem vernarbten Gewebe getragen werden müssen und es dadurch viel weicher machen.

SCHNITTMUSTER

Sie treten durch große Gewichtsschwankungen, eine vererbte Bindegewebsschwäche, Schwangerschaften, aber auch durch Medikamente wie Cortison auf: Dehnungsstreifen. Das sind zunächst rötlich violette Steifen, die später perlmuttfarben vernarben. Der Zebra-Effekt entsteht durch eine Überdehnung und damit Abschlaffung der kollagenen und elastischen Fasern. Schließlich kommen feinste Risse im Unterhautgewebe hinzu, oft begleitet von unterschwelligen Entzündungen – daher die anfänglich rote Farbe des unerwünschten Dekors. Vorbeugend helfen alle Methoden, die das Gewebe elastisch halten und die Durchblutung fördern, also tägliches Bürsten der gefährdeten Stellen, regelmäßige Körper-Peelings oder Zupfmassagen. Sind die Streifen erstmal da, kann der Hautarzt mit der so genannten Rio-Methode helfen. Dabei wird die Haut über zwei Wochen mit Spezialcremes vorbereitet. Bei der eigentlichen Behandlung sticht der Arzt die gedehnten Flächen mit einer feinen Nadel an; anschließend zieht er die Nadel in scheibenwischerartigen Bewegungen wieder heraus. Zum Schluss geht er noch mit dem ultrahochgepulsten CO2-Laser über die Stellen. Die Patientin muss über eine Woche konsequent einen Kompressionsverband tragen. Nach einer Abheilungsphase von vier Wochen festigen sich die kollagenen und elastischen Fasern wieder. Die Streifen werden schmaler oder verschwinden sogar ganz. Die besten Resultate lassen sich an Brüsten und Oberarmen erzielen, gefolgt von Bauch und Oberschenkeln (mit einer Erfolgsquote von 80 Prozent).

Härchen weg!

Leider wachsen Härchen immer da, wo sie eigentlich nicht hingehören: als dunkler Flaum auf der Oberlippe, als störrische Borsten an den Beinen oder als ungezähmte Büschel in der Bikinizone. Dabei galt seidig glatte Haut schon immer als schön und vor allem erotisch. Bereits in der Steinzeit entfernten Frauen ihre Haare mit geschliffenen Steinen oder scharfen Muschelschalen. Nordafrikanerinnen schwören auf eine Ätzmixtur aus Zucker und Zitronensaft, um den Härchen den Kampf anzusagen. Inderinnen drehten einst die lästigen Haare in einen Faden ein, um sie anschließend herauszureißen. Heute gibt es zum Glück weniger drastische Methoden.

SCHAUM AUF DER KLINGE

80 Prozent aller Frauen schwören aufs Rasieren, egal ob nass oder trocken. Zu Recht, denn die Methode ist preiswert, geht schnell und reizt die Haut nur wenig. Ob man sich für einen Nassrasierer samt Rasierschaum entscheidet oder lieber zum Trockenrasierer greift, bleibt Geschmackssache. Wichtig ist bei der Nassrasur: Haare am besten einige Minuten unter der Dusche „einweichen", so lassen sie sich besser entfernen. Jetzt Rasierschaum dick auftragen, kurz einwirken lassen, damit sich die Härchen zwischenzeitlich wieder aufrichten. Dann die Klinge vorsichtig mit sanftem Druck gegen den Strich, also etwa an den Beinen von den Knöcheln zum Knie hin, über die Haut gleiten lassen. Für Trockenrasierer gilt: Die Haut sollte keinesfalls feucht und fettfrei sein, sonst können die Härchen nicht optimal erfasst werden. Die Methode ist absolut schmerzfrei, deshalb auch für die sehr sensiblen Achseln geeignet. Nachteile hat die Rasur dennoch: Die Haare werden lediglich an der Oberfläche gekappt, wachsen also schon nach zwei Tagen als kräftige Stoppeln wieder nach. Im Bereich der Bikinizone kann es außerdem zu Entzündungen und roten Pusteln kommen.

ZUPFMASCHINE

Diese Methode ist nichts für Zimperliche. Epiliergeräte zerren die Härchen mit kleinen rotierenden Pinzettenscheiben oder feinen Metallspiralen einfach heraus. Klingt schmerzhaft, ist es auch. Dafür zupfen Sie einige Härchen gleich mit der Wurzel aus. Bei häufigem Epilieren verkümmern die Haarwurzeln außerdem, die nachwachsenden Härchen werden immer feiner und spärlicher. Epilieren ist eigentlich nur für schmerzunempfindliche Zonen wie die Beine geeignet. Falls die Haut nach der Prozedur gereizt ist, helfen kühlende Aloe-Vera-Gele.

WACHSPARADE

Mit Warm- oder Kaltwachs packen Sie das Problem buchstäblich direkt an der Wurzel an. Das Warmwachs wird zum Schmelzen gebracht, mit einem Spatel auf die Haut aufgetragen, mit einem Stoffstreifen bedeckt und dann mit einem Ruck ähnlich wie ein Pflaster abgezogen. Zwar müssen Sie bei dieser Methode die Zähne zusammenbeißen, dafür ist sie aber auch besonders gründlich. Also eine glatte Sache. Anfängerinnen sollten das Wachsen nicht eigenhändig machen, sondern zu einer Kosmetikerin gehen. Die Wachsmethode eignet sich hervorragend für die Beine; wer weniger empfindlich ist, kann damit auch eine makellos glatte Bikinizone oder Oberlippe erzielen. Vorteil: Der Erfolg hält vier bis sechs Wochen an. Warmwachs ist übrigens angenehmer, weil sich durch die Wärme die Poren öffnen und das Haar leichter zu entfernen ist.

Glatte Beine sind ein Hingucker. Mit Schaum, Wachs oder Creme können die lästigen Härchen entfernt werden.

PURER AUSFALL

Das Eingreifen in die körperliche Haarwelt mit Cremes ist gleich dem Rasieren eine schnelle Methode, jedoch mit Chemie verbunden. In Enthaarungsschäumen steckt der Wirkstoff Thioglycolsäure, der das Haarkeratin unter der Hautoberfläche auflöst. Das Haar fällt dadurch einfach aus. Der stark alkalische pH-Wert der Creme kann empfindliche Haut jedoch reizen, auch Allergien gegen die Inhaltsstoffe sind möglich. Viele Frauen stören sich an dem ammoniakartigen Geruch, der auch durch enthaltene Duftstoffe nicht ganz überdeckt werden kann. Nach fünf bis sieben Tagen sprießen dann auch wieder die ersten Härchen.

WELLE MIT GLATTEN FOLGEN

Mit einem neuen Dioden-Laser, LightSheer genannt, lassen sich Härchen am ganzen Körper schonend, effizient und vor allem dauerhaft entfernen. So funktioniert's: Trifft der Lichtstrahl auf ein Härchen, dient das von Pigmenten durchsetzte Haar als Lichtleiter zum Haarboden. Die winzigen Gefäße, die die Wurzel ernähren, werden geschädigt und zerstört. Der Haarschaft stirbt, der Haarstängel fällt in der Folge aus. Je nach Körperregion sind mehrere Sitzungen nötig. Schmerzfrei ist diese Methode zweifelsohne nicht, die meisten Patienten empfinden den Laserbeschuss wie ein leichtes Piksen oder Zwicken.

Tiefere Schnitte

Es gibt gravierende Schönheitsmakel, denen mit den bislang genannten sanften Methoden nicht beizukommen ist: zu kleine oder zu große Brüste etwa, Fettverteilungsstörungen wie Reithosen oder auch Schlupflider und tiefgreifende Gesichtsfältelungen. Gerade im Alter machen sich diese problematischen Körperzonen schmerzhaft bemerkbar. Wer sich den Herausforderungen des kosmetischen Skalpells stellen will, ist auf die Kunst eines ästhetisch-plastischen Chirurgen angewiesen. Die hier beschriebenen Techniken stellen nur den Status Quo der am häufigsten vorgenommenen Beauty-Operationen dar, viele andere messerscharfe Korrekturen sind möglich.

BRUSTVERÄNDERUNGEN

Busenstar Pamela Anderson ist nicht gerade ein Musterbeispiel. Aber es gibt Brustformen, die eine Vergrößerung sinnvoll erscheinen lassen: Dabei werden die Schnitte heute in den Brustfalten, an den Brustwarzenrand oder in die Achselhöhle gelegt. Die Narben sind bis zu fünf Zentimeter lang und fallen später kaum auf. Zum Vergrößern verwenden Chirurgen Brustimplantate, das sind weiche Kissen, die mit Silikongel, einer Kochsalzlösung oder einem Hydrogel gefüllt sind. Die Hülle der Implantate besteht übrigens immer aus Silikon. Sojaöl-Implantate sind verboten, weil die Füllung teilweise ranzig wurde. Ein natürliches Aussehen der Brüste lässt sich am besten mit Silikongel-Implantaten erzielen. In Deutschland machen diese Implantate mit 80 Prozent den größten Anteil bei der Brustvergrößerung aus. Seit Juli 2001 dürfen in Deutschland nur noch Implantate mit dem CE-Gütesiegel (Conformité Européenne) verwendet werden, die in puncto Produktreinheit und Strapazierfähigkeit getestet sind. Nach einer Brust-OP bleibt die Patientin zwei bis drei Tage im Krankenhaus, nach zehn Tagen werden die Fäden gezogen. Zwei bis drei Wochen lang muss sie Tag und Nacht einen fest sitzenden BH tragen, um die Brust ruhig zu stellen. Kostenfaktor: 8000 bis 15000 Mark.

Zu große Brüste können eine körperliche und seelische Belastung sein. Rückenschmerzen, Verspannungen, aber auch neugierige Blicke sind oft die Folge, wenn die Natur es etwas zu gut gemeint hat. Eine Brustverkleinerung ist in jedem Fall ein größerer Eingriff als eine Brustvergrößerung, außerdem erfordert sie sehr viel ästhetisches Feingefühl seitens des Chirurgen. Wichtig zu wissen: Eine Brustverkleinerung hinterlässt immer sichtbare Narben. Bei der Operation gibt es rund 20 verschiedene Schnitttechniken, die individuell eingesetzt werden. Nach der Operation ist ein Aufenthalt in der Klinik für drei bis sechs Tage notwendig. Ein bis drei Tage nach dem Eingriff werden die Drainagen entfernt, nach einer Woche die Fäden gezogen. Ungefähr fünf Wochen lang empfiehlt sich das Tragen eines stützenden BHs, Sport sollte für mindestens zwei Monate tabu sein. Die Kosten für medizinisch notwendig eingestufte Verkleinerungen von mindestens 400 Gramm pro Brust übernehmen die Krankenkassen. Üblicher Kostenfaktor: 7000 bis 13000 Mark.

RAN ANS FETT

Es gibt Fettdepots, die allen Diäten und Sportaktivitäten trotzen. Das liegt daran, dass bei manchen Menschen die Fettzellen einfach ungleichmäßig verteilt sind und sich beispielsweise am Bauch oder an den Oberschenkeln (Reiterhosen) zusammengerottet haben. Hier kann eine Fettabsaugung (Liposuction) helfen. Sie ist jedoch kein Ersatz für eine vernünftige, ausgewogene Ernährung samt entsprechender Bewegung. Das Mittel der Wahl beim Fettabsaugen ist heute die so genannte Tumeszenzmethode. Dabei wird dem Patienten eine Kochsalzlösung, die zusätzlich noch ein blutstillendes Mittel oder ein Lokalanästhetikum enthalten kann, unter die Haut gespritzt. Das entsprechende Areal wird dadurch prall wie eine Weintraube und das Bindegewebe erkennbar auseinander gezogen. So können die Fettzellen leichter abgesaugt werden. Die Absaugkanülen sind heute extrem dünn und immer stumpf, damit keine Nerven und Blutgefäße verletzt werden. Einige Ärzte schwören auch auf die ultraschallassistierte Fettabsaugung. Mittels dieser Methode zerstören sie die Fettzellen zunächst mit Ultraschallenergie, bevor das eigentliche Absaugen einsetzt. Kostenpunkt: 3000 bis 12000 Mark.

MIT DEN AUGEN BLITZEN

Schlupflider können dem ganzen Gesicht einen müden, traurigen Ausdruck verleihen. Meist werden sie vererbt und verschlimmern sich im Laufe der Jahre immer mehr. Der operative Eingriff ist relativ risikoarm und dauert im Schnitt eine Stunde. Der Chirurg entfernt hierbei einen kleinen sichelförmigen Hautstreifen aus dem Lid. Die Schnitte müssen so gelegt werden, dass sie direkt in der Lidfalte verlaufen. Lediglich an den äußeren Lidrändern ist später bei genauerem Hinschauen die Narbe als feine Linie zu sehen. Die Lid-OP wird unter örtlicher Betäubung durchgeführt, bereits wenige Stunden nach dem Eingriff lässt der Wundschmerz nach. Nach sechs Tagen werden die Fäden gezogen, Blutergüsse und Schwellungen können noch bis zu zwei Wochen danach bestehen. Schminken sollte man sich erst wieder, wenn die Fäden entfernt sind. Kostenfaktor: rund 2000 bis 3000 Mark für beide Oberlider.

Ihr Dekolleté ist kein Schicksal. Aber eine Vergrößerung oder Verkleinerung des Busens sollte gut überlegt sein.

JUST PURE
FITNESS · BEAUTY · HEALTH
NACHTKERZEN
GESICHTSÖL
EVENING PRIMROSE
FACIAL OIL
1.7 fl.oz.

SCHÖNMACHER FÜR BODY & SOUL

Sie wollen sich in Topform bringen? Dann sind Sie genau richtig mit einem Programm für Körper und Seele. Alles, was Sie innerlich und äußerlich aufbaut, kommt hier in leicht zu realisierenden Ideen. Am besten Sie fangen gleich an, dann fühlen Sie sich bald wie ein neuer Mensch.

Heiße Wasserspiele

Wasser ist herrlich erfrischend, aber sonst eher unspektakulär? Keineswegs! Es weckt die Lebensgeister, hilft beim Entspannen oder tröstet über schlechte Laune hinweg. Entdecken auch Sie die Beauty-Kraft des nassen Elements.

Power-Shower

Herrliche Vorstellung: warmes Wasser, das in Strömen über die Haut prasselt. Und nicht vergessen: Wasser ist das weibliche Element schlechthin, die Quelle allen Lebens.

STRAFFUNGSSTRAHL

Kein Witz: Gegen lästige Cellulite-Dellen und Oberarme, die mehr und mehr der Schwerkraft gehorchen, kann man „anduschen". Kalt-warme Wechselgüsse kurbeln die Durchblutung an und verbessern die Mikrozirkulation. Das Ergebnis ist eine straffere Haut. So geht's: Duschen Sie zunächst warm, danach kalt (15 Grad). Fahren Sie dabei mit dem Brausestrahl an der Beinaußenseite von den Füßen bis zum Po hoch, kurz in der Leistenbeuge verweilen und an der Beininnenseite wieder herunter. Zum Schluss sind die Arme und der Oberkörper dran.

WASSERWECKER

Duschgele mit ätherischen Ölen aus Pfefferminze, Eukalyptus oder Zitrone machen morgens blitzschnell munter. Denn diese Aromen gehen von der Nase direkt ins Gehirn, ins Limbische System, das unter anderem für unsere Gefühlswelt verantwortlich ist. Meldet der Kopf „munter", dann fühlen wir uns auch so. Wer, was ja mit dem Älterwerden leider häufiger vorkommt, schnell schwitzt, sollte Duschgele verwenden, die Menthol enthalten. Der kühle Hauch auf der Haut begleitet Sie noch Stunden nach dem Wassergenuss.

RUHIGER FLUSS

Tausend Gedanken rauben Ihnen den Schlaf? Stellen Sie sich unter die Dusche, drehen Sie den Wasserstrahl langsam von warm auf heiß hoch und lassen Sie ihn drei Minuten auf den Nackenwirbel prasseln. Die Massage dieses zentralen Nervenknotens nimmt alle Last von Ihren Schultern. Das Ganze wirkt noch intensiver, wenn Sie nach dem Duschen zwei Tropfen Lavendelöl auf einen nassen Waschhandschuh träufeln und damit die noch feuchte Haut an Nacken, Armen, Busen und Wirbelsäule abreiben.

Einfach mal abtauchen

Grundlos traurig, Liebeskummer, Angst vor dem Älterwerden? Dann sollten Sie sich einfach eine Auszeit nehmen. Legen Sie schöne Musik auf, gönnen Sie sich eventuell ein Glas Sekt – und ab in die Badewanne. Mit den richtigen Zusätzen schwimmen Sie schnell wieder obenauf.

Im Wasser geht jegliches Zeitgefühl verloren. Die Badezusätze wirken entspannend oder belebend, ganz nach Wunsch.

BUNTE FLUTEN

Farbbäder verwandeln Ihre Badewanne in ein sattgelbes Feld oder in ein azurblaues Meer. Das sieht nicht nur schön aus, sondern kann auch positiven Einfluss auf Körper und Seele haben. Nach der Farbtherapie wirken Farben auf die sieben Energiezentren des Körpers (Chakren). So macht Grün gelassen, Rot spendet neue Energie, Blau und Indigo beruhigen, Gelb und Orange sorgen für gute Laune. Wenn Sie dann aus Ihrem Wasserzauber aufsteigen, fühlen Sie sich um Jahre jünger.

PFLEGE GANZ NASS

Trockene Körperhaut, Juckreiz, Rötungen, Ekzeme – viele Frauen ab 40 können davon ein Lied singen. Besonders Arme, Schienbeine und Po werden oft zu regelrechten Trockengebieten. Vermeiden Sie üppige Schaumbäder, sie trocknen die Haut noch zusätzlich aus. Ideal sind Ölbäder, die bis zu 50 Prozent natürliche Öle enthalten. Sie verteilen sich auf der Wasseroberfläche und überziehen die Haut beim Baden mit einem feinen, schützenden Ölfilm. Wichtig: Hinterher die Haut nur trockentupfen, sonst rubbeln Sie den Großteil der Pflegeschicht wieder mit ab.

WHIRL-POOL

Gönnen Sie sich einfach einen Muntermacher in Tablettenform. Keine Angst vor Nebenwirkungen: Badetabletten lösen sich fröhlich sprudelnd im Wasser auf, regen Stoffwechsel und Durchblutung an und helfen bei Muskelverspannungen und Erschöpfung. Die Tabletten duften erfrischend nach Zitrone, Orange oder Grünem Tee. Tipp: Am besten unter dem Rücken in der Wanne platzieren, so hat die gestresste Wirbelsäule oder der verspannte Nacken am meisten von den Blubberblasen.

Peeling: Kleine Abreibungen

Jeden Tag stößt der Körper rund vier Prozent seiner Hautzellen ab – ein ganz natürlicher Prozess. Je älter man wird, umso träger werden allerdings diese Zellen. Wecken Sie die Schlafmützen einfach wieder auf – durch Peelings, Rubbelbürsten & Co.

DER SISAL-TRICK

Der einfachste Weg, um die Haut wieder streichelzart zu machen: eine Intensivmassage mit dem Rubbelhandschuh, der Massagebürste, einem Sisalband oder dem Luffa-Schwamm. Alle Utensilien bestehen aus Naturmaterialien und werden immer auf der leicht feuchten Haut angewendet, also am besten morgens unter der Dusche. Wichtig: immer in Richtung Herz massieren. Beginnen Sie an den Armen, dann weiterrubbeln in Richtung Schultern und Brust. Anschließend sind die Beine und der Bauch dran. Auch der Busen freut sich über eine Abreibung, das fördert die Durchblutung und strafft die zarte Haut. Den Busen immer in leicht kreisenden Bewegungen massieren, die empfindlichen Brustwarzen dabei jedoch aussparen. Denken Sie auch daran, besonders verhornte Stellen wie die von Schienbein, Knie oder Ellenbogen zu bearbeiten. Die Haut darf nach dem Abrubbeln leicht erröten, jedoch nicht brennen.

ÖL-SALZ-KUR

Wenn Sie die Haut gleichzeitig peelen und pflegen möchten, ist ein Meersalz-Öl-Peeling genau das Richtige. Es rubbelt die Haut mit grobem Meersalz schön glatt, regt ihre Durchblutung an und cremt sie dabei mit wertvollen Pflanzenölen zart und geschmeidig. Diesen Supermix können Sie fertig kaufen oder aber selbst machen. Sie brauchen dafür 50 ml pflanzliches Öl, außerdem 40 Gramm Salz. Die Zutaten mischen und mit einem Massagehandschuh in leicht kreisenden Bewegungen in die trockene Haut einmassieren. Mit lauwarmem Wasser gründlich abspülen.

KÖRNERCREME

Peelings für den Körper sind grobkörniger als Gesichts-Peelings, weil die Body-Haut viel robuster ist. Sie arbeiten entweder mit Kunststoffkügelchen oder grob gemahlenen Natursubstanzen wie Nussschalen oder Fruchtkernen. Körper-Peelings können entweder auf der feuchten Haut angewandt werden oder – wenn die Wirkung intensiver sein soll – auch auf der trockenen Haut.

SCHLAMMSCHLACHT

Schlick ist ein echter Weichspüler für die Haut. Er enthält hohe Mengen an Mineralstoffen und normalisiert trockene Haut. Für den Körper gibt es fertige Schlamm-Masken. Sie können sich aber auch selbst eine anrühren: Dazu benötigen Sie Heilerde (Apotheke), die Sie mit Wasser zu einem Brei anrühren. Die Mixtur so dick wie möglich auf die Haut auftragen, 20 Minuten antrocknen lassen. Dann die Maske von der Haut abrubbeln, die Reste mit lauwarmem Wasser unter der Dusche abspülen.

Natur pur: Ein Körper-Peeling mit dem Fruchtfleisch einer saftigen Ananas schmeichelt der Haut.

HAWAII-PEELING

Ananas schmecken gut – und sind zudem ein echter Leckerbissen für die Haut. Denn sie enthalten ein Enzym namens Bromelain, das hartnäckige Hornschüppchen von der Haut lösen kann. Ananasextrakte stecken deshalb in einigen Körper-Peelings, die es zu kaufen gibt. Sie können aber auch die Wirkung einer frischen Ananas für einen schönen Body nutzen. Werfen Sie deshalb das nächste Mal die Schale mit dem restlichen Fruchtfleisch nicht weg, sondern reiben Sie mit der Fruchtseite Ihre Körperhaut ab. Nach kurzer Einwirkzeit das saftige Gemisch abspülen und die Haut gut eincremen, denn die Exotikkur trocknet die Haut etwas aus. Verwenden Sie dieses Peeling aber nicht fürs Gesicht, die Fruchtsäure kann hier zu aggressiv sein.

ASIA-RUBBEL

Japanerinnen schwören seit Jahrhunderten auf einen anderen Schönmacher aus der Natur: Reiskleie. Die Haut fühlt sich nach einer solchen Reinigungsbehandlung wie poliert an, ist superzart und hat einen unvergleichlichen Schimmer. Wenn Sie den Japantrick ausprobieren möchten, sollten Sie sich im Asia- oder Bioladen Reiskleie besorgen. Notfalls tut's auch heimische Haferkleie. Das Pulver wird mit etwas Wasser zu einem dicken Brei angerührt und mit kreisenden Bewegungen in die trockene Haut einmassiert. Kurz einwirken lassen und unter der Dusche wieder abspülen. Zweite Möglichkeit: Reis- oder Haferkleie in ein kleines Säckchen aus Baumwolle füllen, anfeuchten und den Körper damit wie mit einem Schwamm abreiben.

Cellulite: Ganz schön straff

Wer wünscht sich das nicht: eine Haut elastisch wie ein Gummiband, zart wie ein Pfirsich und bitte ohne die leidige Orangenhaut! Dafür können Sie aktiv etwas tun.

GUTEN MORGEN, DU SCHÖNE!

Nach dem Duschen spannt die Haut, juckt wie verrückt, und Sie haben buchstäblich das Gefühl, aus der Haut zu fahren? Dann sollten Sie bei der Pflege künftig klotzen statt kleckern. Normale Körperlotionen sind Ihrer Haut jetzt zu wenig, sie will mehr. Etwa eine reichhaltige Körpercreme oder eine Intensivpflegemilch mit pflanzlichen Ölen wie Jojoba-, Avocado-, Karotten- oder Mandelöl. Diese Öle sind dem Hautfett sehr ähnlich und ziehen deshalb besonders gut und rückstandslos in die Haut ein. Hervorragende Pflegekünstler sind auch Kakao-, Shea- oder Karité-Butter. In Afrika werden diese Substanzen seit langem zur Hautpflege und als Schutzbalsam eingesetzt. Sehr trockene Haut freut sich über Streicheleinheiten mit Nachtkerzenöl. Es enthält die ungesättigte Fettsäure Gammalinolen, die die Haut intensiv mit Feuchtigkeit versorgt. Das Öl wird deshalb sogar zur Behandlung von Neurodermitis eingesetzt. Auch sehr wirkungsvoll: Körperöle, die Vitamin A und E sowie straffende und belebende ätherische Öle aus Rosmarin, Salbei, Geranie oder Minze enthalten. Tipp: Nach dem Duschen auf der noch feuchten, warmen Körperhaut verteilen und leicht einmassieren. Dann kurz kalt abbrausen – so können sich die Inhaltsstoffe optimal entfalten. Wer sehr empfindliche Haut hat, sollte auf parfümierte Körperpflegeprodukte möglichst verzichten, denn die Duftstoffe können die Haut reizen. Versuchen Sie's mal mit einer Körpermilch, die Thermalwasser enthält. Es hat eine stark beruhigende und juckreizstillende Wirkung. Falls Sie immer wieder unter kleinen rauen Stellen und roten Pickelchen auf den Oberarmen oder Schienbeinen leiden, sollten Sie eine Körperlotion mit Harnstoff (Urea) verwenden. Er löst Verhornungen auf, eine weiche Haut kommt zum Vorschein.

NOCH NICHT GENUG?

Ampullen enthalten wertvolle Pflegestoffe in hochkonzentrierter Form. Sie werden kurmäßig über drei bis vier Wochen eingesetzt, wenn eine Hautpartie wie beispielsweise das Decolleté besonders aufgepäppelt werden muss. Das kann nach einem Urlaub in der Sonne, nach einer Krankheit oder einer Diät der Fall sein. Ampullen werden immer zusätzlich zur normalen Pflege verwendet und sie gehören unter die Körperlotion oder Pflegecreme. So eine Powerkur sollte man sich ruhig zwei- bis dreimal pro Jahr gönnen.

Die dummen Dellen

Die Cellulite ist leider weiblich. Und vielfach genetisch bedingt. Was mit den Bindegewebsfasern der Frauen zusammenhängt. Diese Fasern sind parallel zueinander ausgelegt (bei Männern sind sie wie ein festes Gitter angeordnet), dementsprechend äußerst elastisch. Das ist während Schwangerschaft sehr wichtig, da sich die Haut durch das heranwachsende Kind extrem dehnen muss. In der übrigen Zeit begünstigt diese Tatsache leider das bekannte Phänomen der sichtbaren Cellulite-Dellen, weil sich die Fettzellen besser unter der Haut durchdrücken können. Leider blasen sich dabei einige Fettzellen besonders auf. Ursache dafür ist das Ungleichgewicht von Fettspeicherung und Fettverbrennung, gesteuert von den weiblichen Hormonen. Östrogen stimuliert ein Enzym, das die Fettproduktion begünstigt und außerdem die Wassereinlagerung fördert. Doch keinen Frust bitte, denn es gibt heute viele Methoden, den „Matratzeneffekt" deutlich zu reduzieren. Kombinieren sollten Sie alle hier genannten Methoden am besten mit einer ausgewogenen Ernährung und Fitnessübungen. Das müssen keine schweißtreibenden Aerobic- oder Spinning-Stunden in einem Power-Studio sein. Dreimal wöchentlich 30 Minuten radeln, schwimmen, walken oder notfalls auch zügiges Spazierengehen reichen schon aus. Und wenn Sie dann noch Lifte und Rolltreppen konsequent links liegen lassen, können Sie sich bald über einen schönen, strafferen Body freuen.

ANTI-FETT-WUNDER

Anti-Cellulite-Cremes gibt es viele. Sie funktionieren alle nach ähnlichen Prinzipien. So sollen sie die Durchblutung anregen, Wasser aus dem Körper schwemmen, den Zell- und Fettstoffwechsel ankurbeln und den erlahmten Lymphfluss wieder in Gang bringen. Das erledigen Wirkstoffe wie Koffein, Ginkgo oder Mate. Noch cleverer arbeiten Fett abbauende Enzyme, Extrakte aus Äpfeln, Hefepilze oder Meeresalgen. Sie blockieren einfach die Rezeptoren an den Fettzellen, die schuld an diesen Einlagerungen sind, reduzieren das Ausmaß der Fettzellen oder fördern die Bildung von Boten-

Davon profitiert ein Körper über 35: Pflegende Öle wie das Karottenöl sind wohltuend und können sogar die Haut straffen.

stoffen, die die Bildung von neuen Bindegewebsfasern anregen. Cellulite-Cremes sollten Sie über einen Zeitraum von sechs bis acht Wochen anwenden, gecremt wird morgens und abends. Keine Angst, das geht schnell, denn die meisten Produkte müssen heute nur noch auf der Haut verteilt und nicht umständlich minutenlang einmassiert werden.

UNTER KONTROLLE: HORMONMIX

Wenn die Bindegewebsfasern von Frauen schon so ungünstig angeordnet sind, was liegt dann näher, als sie einfach umzumodeln? Dazu braucht man keinen Chirurgen mit Skalpell, sondern einen erfahrenen Haut- oder Frauenarzt. Beide können eine individuell zusammengestellte Hormoncreme verschreiben, die den labilen weiblichen Bindegewebsfasern die Beschaffenheit der stabileren männlicheren Fasern gibt. Dafür wird zunächst der Hormonstatus der Patientin ausgemacht, der die Zusammensetzung der Creme mit männlichen Hormonen (Androgenen) bestimmt. Das Anrühren der Creme übernimmt der Apotheker. Über acht bis zwölf Wochen muss diese Creme dann täglich in die Problemzonen einmassiert werden. Nach zwei Monaten wird ein festeres und strafferes Gewebe augenfällig. Diese Umwandlung hält rund ein Jahr an. Währenddessen sind regelmäßige Kontrollen beim Arzt wichtig, denn eine Hormoncreme ist kein harmloses Beauty-Produkt, sondern ein Medikament, das ernsthaft in den Körperhaushalt eingreift.

IN DIE GÄNGE KOMMEN

Den Blutkreislauf kennt eigentlich jeder, das Lymphsystem ist für viele die große Unbekannte. Dabei ist es für unsere Immunstärke von großer Bedeutung. Ein Netz von feinsten Kapillaren transportiert die flüssige Lymphe durch unseren Körper. Ist der Fluss gestört, kommt es zu Schwellungen und Stauungen, „schwere" Beine oder Tränensäcke sind die Folge, aber auch eine Cellulite kann sich durch gebremste Lymphe verstärken. Dann bringt eine Drainage den trägen Ablauf wieder in Schwung, Wassereinlagerungen verschwinden oft innerhalb weniger Tage. Diese Entschlackungstechnik ist keine Massage im klassischen Sinne, sondern eine Streichtechnik. Mit sanften, drucklosen Bewegungen fährt der Therapeut mit den Fingern entlang der Lymphbahnen in Richtung der Lymphknoten, die beispielsweise am Hals, in der Leistenbeuge oder unter den Achseln sitzen. Fragen Sie am besten nach einem Masseur, der eine Ausbildung nach Dr. Emil Vodder hat, dem Erfinder dieser Methode. Denn eine effektive Lymphdrainage will gelernt sein. In den ersten zwei Monaten sind zwei Massagen pro Woche angebracht, danach reicht eine pro Monat.

NA SO WAS! BODY UNTER STROM

Setzen Sie Ihre Fettzellen doch einfach mal unter Strom. Keine Sorge, so martialisch, wie sich das anhört, ist es gar nicht. Die Methode nennt sich Cellulo-Lipolyse und wird von Kosmetikerinnen, Dermatologen und einigen ästhetisch-plastischen Chirurgen durchgeführt. Dabei schieben sie pro Körperseite acht bis zehn 15 Zentimeter lange und 0,3 Millimeter dünne Nadeln unter die Haut, die mit einem Gerät verbunden sind, das Schwachstromimpulse in Millivoltstärke abgibt. Die ausgeschickten Impulse spürt man als mehr oder weniger starkes Kribbeln; sie sollen die Zellen zum Fettabbau anregen. Nach der Behandlung kann sich an der Einstichstelle ein blauer Fleck bilden, einige Frauen haben hinterher ein muskelkaterähnliches Gefühl. Die Prozedur sollte mindestens achtmal wiederholt werden.

ANTI-CELLULITE-FOOD

Vermutlich wissen Sie es längst: Schönheit kann man essen. Aber wo stecken die Vitamine, Mineralstoffe und Spurenelemente für ein straffes Bindegewebe und eine streichelzarte Haut eigentlich drin? Hier die Top Ten für eine vitale Haut:

1. Ananas: Ihr Enzym Bromelain spaltet Eiweißmoleküle auf, die die Zellen als Fatburner verwerten können.

2. Algen: Sie helfen den Zellen beim Fettabbau und entschlacken hervorragend. Besonders lecker als Sushi-Rolls, japanische Rohfisch-Häppchen, eingerollt in Schwarzalgen.

3. Bananen: Die nahrhafte Staudenfrucht enthält reichlich Kalium, das Wasser aus dem Gewebe schwemmt. Außerdem Silicium, das als Bindegewebsstraffer im Einsatz ist.

4. Brokkoli: Das grüne Gemüse hält die freien Radikale in Schach und betreibt zudem mit reichlich Vitamin C eine Fettreduzierung in den Zellen.

5. Fenchel: Die aromatische Knolle ist ein Vitamin-E-Depot. Sie beugt Falten und Altersflecken vor.

6. Kartoffeln: Ein nahezu fettfreies Wunderwerk für eine schöne Figur. Kalium hilft, das Gewebe zu entwässern, Kupfer sorgt für ein straffes und elastisches Bindegewebe.

7. Papayas: Das Enzym Papain sowie Vitamin C sind in dieser Frucht perfekte Strategen beim Abbau von Fettdepots.

8. Sauerkraut: Im Kohl steckt entwässerndes Kalium, zudem ist er vollgepackt mit Ballaststoffen, die die Verdauung ankurbeln und damit indirekt auch der Haut helfen.

9. Soja: Die Sprossen aus Asien liefern Magnesium – ein Anti-Stress-Mineral und zudem ein echter Fatburner. Direkt aus der Fettzelle steuert und beschleunigt es die Fettverbrennung.

10. Spargel: Das Kalium in der Gemüsestange ist ein Entwässerungsprogramm für den ganzen Organismus.

Power-Food gegen Cellulite: Spargel und Reis entwässern; testen Sie doch die beiden zusammen als Spargel-Reis-Salat.

Füße: Auf geht's

Beim ersten Sonnenstrahl kommen sie ans Licht: Füße, die es weit bringen, wenn sie in obertrendigen Sandaletten spazieren geführt werden. Und wunderbar gepflegt in Erscheinung treten.

EINTAUCHEN, BITTE!

Füße sind leider häufig die Stiefkinder des Körpers. Im Winter werden sie in dicke Socken und feste Stiefel gezwängt, im Sommer müssen sie in schmalen Sandalen oder in engen Pumps manchmal ganz schön leiden. Klar, dass sie sich irgendwann gegen diese unsanfte Behandlung wehren. Zudem sollten Ihre Füße nie Ihr Alter verraten. Das passiert aber leicht, weil die Haut an den Füßen die trockenste des ganzen Körpers ist. Deshalb: Pflegen, pflegen und nochmals pflegen. Der ideale Beginn jeder Pediküre: ein entspannendes Fußbad. Das Wasser sollte nicht zu heiß sein, lauwarm entspannt es die Muskulatur am besten und macht die Füße wieder einsatzbereit. Leiden Sie unter müden Beinen? Dann sind Bäder mit Zusätzen wie Eukalyptus, Lavendel, Weidenrinde und Rosmarin die idealen Fitmacher. Arnika, Azulen oder Aloe Vera kühlen dagegen brennende Sohlen. Falls Sie die nasse Wohltat kurz vor dem Schlafengehen zelebrieren wollen, sollten Sie zwei, drei Tropfen ätherisches Zimtöl ins Wasser geben – Ihre Füße werden garantiert wohlig ruhen. Fußgeruch ist so eine Sache. Probieren Sie mal ein Salzbad: Einfach zwei Esslöffel Salz in einem Liter warmem Wasser auflösen und die Füße zehn Minuten darin baden. Außerdem wichtig: Einige Zeit auf stark gewürzte Speisen mit Knoblauch oder Zwiebeln verzichten, sie können das „Müffeln" begünstigen. Bestäuben Sie Ihre Füße zusätzlich zweimal täglich mit einem Fußpuder-Deo. Wenn Sie im Sommer viel barfuß in geschlossenen Schuhen laufen, helfen Barfuß-Einlegesohlen.

AUFREIBENDE SACHE

Nach dem Fußbad geht's an die Hornhaut. Am leichtesten ist sie mit einem Bimsstein zu entfernen. Vorsicht vor Hornhauthobeln, sie haben extrem scharfe Klingen. Schnell hat man sich damit verletzt oder zu viel von der Hornhaut abgeraspelt. So verliert die Haut ihre natürliche Schutzfunktion bei Reibungen, sie reagiert mit einer noch stärkeren Hornhautbildung. Raue Füße ohne Hornhautverdickungen können mit einer Peeling-Creme weich gerubbelt werden. Bedenken Sie auch: Mit zunehmenden Alter nehmen die Füße eine breitere Dimension an. Also eventuell mal eine größere Schuhnummer ausprobieren. Auch häufiges Barfußgehen lässt Fußkonturen verschwimmen.

EINSCHNEIDENDE ERLEBNISSE

Jetzt sind die Nägel dran. Ob Sie lieber mit der Schere oder einem Nagelknipser arbeiten, ist Ihre Entscheidung. Bitte die Nägel immer gerade abschneiden, die Ecken eventuell mit der Feile leicht abrunden, damit man nicht an den teuren Seidenstrümpfen hängenbleibt. Falls ein Nagel dennoch mal seitlich eingewachsen ist und schmerzt, hilft folgender Trick: Warmes Wasser mit einer Tasse Essig vermischen, Füße fünf Minuten darin einweichen. Dann die betreffende Stelle vorsichtig mit einer feinen Feile bearbeiten, eine Wundheilsalbe auf die Stelle geben und mit einem Pflaster abdecken. Wenn die Schmerzen nicht innerhalb von zwei Tagen nachlassen: zum Arzt gehen.

SALBUNGSVOLL

Fast haben Sie es geschafft, auf sexy Füßen zu stehen. Einen weiteren Lichtblick auf sie geben Fußgele mit Allantoin, Kampfer oder Menthol oder Fußcremes, die häufig Glycerin oder Melisse enthalten. Die jeweilige Creme dabei von den Zehen zum Knöchel sanft einmassieren. Wer unter besonders trockenen Füßen leidet, sollte mal eine Salbe mit Hirschtalg oder eine „Schrundencreme“ (gibt's in Apotheken) ausprobieren. Damit verhindern Sie, dass raue Füße Ihre geliebten Nylons zerstören, und Sie fördern die Lust am aufreizenden Füßeln mit Ihrem männlichen Gegenüber.

LACKARBEITEN

Coco Chanel soll sich nie die Fingernägel, aber immer die Fußnägel lackiert haben. Sie war der Ansicht, dass Füße jede mögliche Unterstützung benötigen. Wer sich schon die Mühe macht, die Nägel zu lackieren, der sollte zu einer auffallenden Farbe greifen – unabhängig vom Alter. Und die richtige Auftragetechnik anwenden: Bringen Sie die Zehen zunächst mit einem Schaumstofftrenner oder einem Kosmetiktuch auf Sicherheitsabstand, so kommen sie sich nicht in die Quere, wenn der Lack noch feucht ist. Wichtig: Eine Schicht Unterlack, er gleicht Unebenheiten aus und schützt die Nägel vor gelblichen Verfärbungen durch Farblacke. Wenn der Unterlack trocken ist, können Sie die erste dünne (!) Schicht Farbe auftragen. Am besten den Nagel erst in der Mitte in einem Strich ausmalen, dann die Seiten ausfüllen. Trocknen lassen und eine zweite, eventuell dritte Lackschicht darüber geben. Es gibt sogar Lacke mit eingebauten Duftmolekülen, die die Nägel nicht nach frischem Nagellack, sondern nach zartem Parfum duften lassen – und das über mehrere Tage.

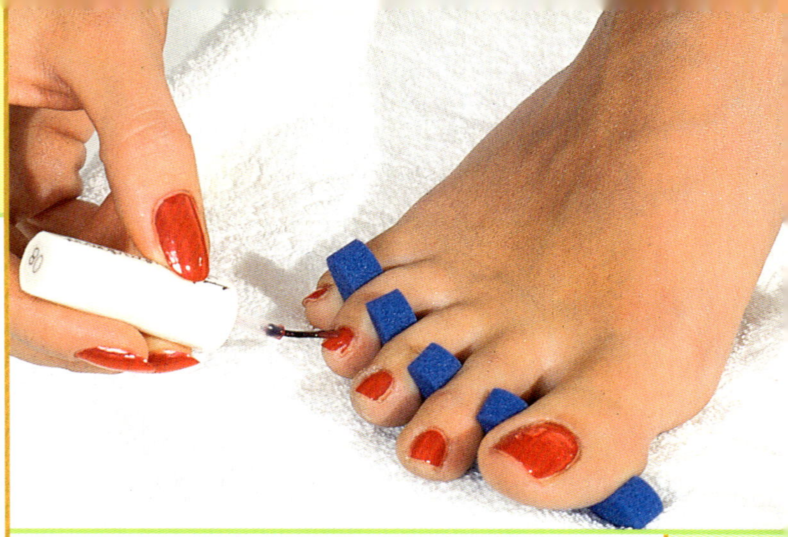

TIPP

Kleine Spielverderber

Auch schöne Füße können Feinde haben: Blasen und Fußpilze beispielsweise. Beide sind unattraktiv, unangenehm und sollten mit den richtigen Methoden behandelt werden.

- Blasen: Sie entstehen durch Reibung, etwa in neuen Schuhen. Vorbeugen – aber auch heilen – kann man mit Blasenpflastern. Sie halten die Wunde unter einem dicken Polster feucht und neue Haut kann schnell wieder nachwachsen.
- Fußpilz: Brüchige, ungewöhnlich dicke oder verfärbte Fußnägel, wunde Stellen zwischen den Zehen oder an der Fußsohle sind häufig typische Zeichen für Fuß- oder Nagelpilze. Gehen Sie zum Dermatologen oder besorgen Sie sich in der Apotheke ein rezeptfreies Anti-Pilz-Mittel. Außerdem: Füße nach dem Duschen gut abtrocknen, im Schwimmbad oder in der Sauna unbedingt Badeschlappen anziehen.

Relaxing: Total entspannt

Eigentlich wollen wir einfach nur relaxen. Doch immer wieder zieht jemand die Spaßbremse. Sind wir das etwa selbst? Mit unseren ewigen Ängsten? Schluss jetzt mit der Eigensabotage!

DUFT-DOPING

Düfte können wie Beruhigungsmittel wirken – bei sachgemäßer Anwendung allerdings völlig ohne Nebenwirkungen. Das liegt daran, dass die Duftmoleküle über die Nase direkt ins Limbische System wandern. Dieser älteste Teil in unserem Kopf verarbeitet nicht nur unmittelbar Gerüche, sondern steuert auch die Hormonproduktion für viele wichtige Körpervorgänge wie die Immunabwehr oder die Stressverarbeitung. Aromen wie Lavendel, Melisse, Neroli, Rosmarin oder Muskatellersalbei geben beim Entspannen Nachhilfeunterricht. Regelrechte Glücksmacher sind Bergamotte oder Lemongrass; sie helfen sogar bei depressiven Verstimmungen oder beim Winterblues. Wer gerade im Hormontief steckt, sollte an Rosenöl schnuppern. Veilchenduft fördert die Kreativität und Heliotrop- und Vanillenoten helfen gegen Ängste. Sie können die Duftwirkung am intensivsten erleben, wenn Sie das entsprechende ätherische Öl (zwei bis drei Tropfen) auf ein Taschentuch geben und immer wieder daran riechen. Wichtig: Synthetisch hergestellte Öle haben keinerlei therapeutische Wirkung. Achten Sie deshalb beim Kauf auf den Hinweis „100% naturreines ätherisches Öl".

GROUNDING

Das Grounding ist eine Erfindung des amerikanischen Psychotherapeuten Alexander Lowen. Mit seiner Methode können Sie schnell wieder Boden unter den Füßen bekommen, wenn's mal so richtig drunter- und drübergeht. So einfach geht's: Schuhe ausziehen, dann gerade hinstellen, die Beine sind dabei hüftbreit geöffnet, die Arme liegen entspannt am Körper. Wichtig: Die Fußsohlen sollten fest und sicher auf dem Boden stehen. Imaginieren Sie jetzt ein schwebendes Band, das Sie sanft nach oben zur Decke hochzieht. Stellen Sie sich nun vor, wie Ihr Körper – fest am Boden verankert – unaufhaltsam in Richtung Decke wächst. Sie fühlen sich dabei stark und mächtig. Bleiben Sie zwei Minuten in diesem Gefühl stehen, atmen Sie ruhig durch die Nase ein und durch den Mund wieder aus. Versuchen Sie nur an Ihre tiefe Atmung und an Ihren kraftvollen, energetischen Körper zu denken. All Ihre Probleme und Sorgen legen Sie in Gedanken für diesen Moment neben sich auf den Fußboden. Anschließend werden Sie spüren, wie sich die Nervosität abgebaut hat, der Körper sich entspannter anfühlt.

FELDENKRAIS & CO.

Sie sind superaktiv, perfekt gestylt, pausenlos unterwegs – und immer öfter traurig. Was steckt dahinter? Zu viele Gedanken über nichtige Dinge, der Beginn der Wechseljahre (er liegt oftmals sieben Jahre vor dem eigentlichen Wahrnehmen einer hormonellen Veränderung)? Wie dem auch sei, versuchen Sie es mal mit Yoga. Dieser Klassiker unter den Entspannungstechniken kombiniert Bewegungs-, Atem- und Meditationsübungen, die sowohl relaxend als auch belebend wirken. Und sie halten sogar

Eine neue Haltung aufbauen: Yoga relaxt und eröffnet einen anderen Blick auf die Persönlichkeit.

gesund: Studien haben ergeben, dass regelmäßiges Yoga den Cholesterinspiegel und den Blutdruck senkt, somit vor Herzerkrankungen schützt. Yoga gibt es in unterschiedlichen Varianten: als klassisches Hatha-Yoga, als gelenkschonendes Wirbelsäulen-Yoga oder als trendiges Power-Yoga. Angeboten werden diese diversen Techniken in Yoga-Zentren oder Fitness-Studios. Eine andere Relaxing-Möglichkeit wurde von dem Körpertherapeuten Moshe Feldenkrais erarbeitet. Er beobachtete, dass sich Kleinkinder automatisch richtig bewegen. Sie gehen in die Knie, wenn sie etwas aufheben wollen, und nehmen automatisch eine Haltung ein, die der Wirbelsäule entgegenkommt. Je älter wir aber werden, desto mehr schleichen sich Fehler in unsere Bewegungsabläufe ein. Die Folge: Muskeln, Gelenke und oft sogar die Seele geraten aus dem Gleichgewicht. Beim Feldenkrais-Training wird der Körper im Liegen, Sitzen und Stehen mit speziellen Übungen gelockert. Fehlhaltungen werden korrigiert, neue – physiologisch richtige – Bewegungsabläufe eingeübt.

ETHNO-TRICKS

Andere Länder, andere Relax-Strategien. Die Hawaiianer setzen auf rhythmisches Massieren, die Mayas beruhigten mit Ohrkerzen, und ganz Hollywood schwört zur Zeit auf die Stone-Therapie, bei der es buchstäblich heiß hergeht:

LOMI-LOMI

Dieses hawaiianische Entspannungsritual ist ein Mix aus Massage, Musik und Aromatherapie. Der Lomi-Lomi-Therapeut beseitigt die Body-Blockaden, indem er zu Musik aus Hawaii mit kraftvollen Bewegungen über den Körper streicht. An sehr verspannten Stellen nimmt er sogar seine Unterarme zur Hilfe. Ruhe und Gelassenheit ist das wichtigste Element bei dieser Massage, die bis zu drei Stunden dauern kann.

OHRKERZE

Etwas Originelles veranstalteten die Maya-Kulturen: Sie verwendeten Stäbchen aus Wachs, Baumwolle und Kräuterextrakten, die sie anzündeten und ins Ohr steckten, um sie dort unter heiliger Aufsicht abbrennen zu lassen. Bei diesem Zündeln wurden Kräuteressenzen freigesetzt, die mittels Schwingungen auf das Trommelfell eine positive Wirkung auf den Gesamtorganismus ausgeübt haben sollen. Viele Heilpraktiker oder Ärzte, die naturheilkundlich orientiert sind, setzen heute wieder Ohrkerzen zur Behandlung von Stress und Schlafstörungen ein. Die Heilergebnisse sind dabei sehr unterschiedlicher Art.

STONE-THERAPIE

Hollywood-Stars wie Schauspielerin Gwyneth Paltrow oder Top-Modedesignerin Donna Karan schwören auf die heilende Kraft von heißen Steinen. Für die Stone-Therapie werden abgerundete schwarze Basaltsteine verwendet, die durch ihren hohen Eisengehalt ein idealer Wärmespeicher sind. Zunächst wird der Körper mit einem duftenden Massageöl eingerieben, dann legt man die auf etwa 50 Grad erhitzten Steine auf die Energiezentren (Chakren) des Körpers wie Bauch, Stirn oder Kniekehlen. Die Wärme sorgt für eine sofortige Entspannung der Muskulatur, dann erst beginnt die eigentliche Massage. Dabei werden abwechselnd warme Basaltsteine und kalte Marmorbrocken mit speziellen Massagegriffen über den Körper geführt. Die unterschiedlichen Temperaturreize und die besondere Technik kurbeln die eigene Dynamik an.

MINI-MEDITATION

In Asien gelten Meditationen als Jungbrunnen für Körper und Seele. Für Anfänger empfiehlt sich folgende Übung: Setzen Sie sich bequem auf einen Stuhl oder auf eine weiche Unterlage im Schneidersitz auf den Boden. Schließen Sie die Augen, halten Sie sich ganz aufrecht. Atmen Sie dann durch die Nase bis tief in den Bauch ein und anschließend durch den Mund aus. Halten Sie dabei zur Kontrolle die Hände sanft auf den Bauch – er muss sich deutlich heben und senken. Konzentrieren Sie sich nur auf Ihren Atem, versuchen Sie aber nicht, einen Rhythmus erzwingen zu wollen. Den findet Ihr Körper mit der Zeit von allein. Wenn negative Gedanken über Sie herrschen wollen, dann schicken Sie diese sanft, aber bestimmt weg. Coachen Sie sich mental, indem Sie bewusst in Ihren Körper hineinhorchen. Wie fühlt er sich an? Warm oder kalt? Leicht oder ermattet? Zum Schluss zählen Sie rückwärts, langsam von zehn bis null, öffnen dann die Augen und kommen in die Realität zurück.

MOOD-FOOD

Bei extremem Stress greifen viele Frauen gern zur Schokolade. Nicht allein, dass der zarte Schmelz den Ärger ein bisschen versüßt. Schokolade mit hohem Kakaogehalt enthält echte Happy-Stoffe. Etwa den Botenstoff Phenylethylamin, der ebenfalls vom Gehirn ausgeschüttet wird, wenn man frisch verliebt ist oder gerade etwas besonders Schönes genießt. Ein weiterer Gruß an

Traumreisen am helllichten Tag aktivieren Glücksgefühle und lassen Sie einfach jünger aussehen.

die Sinnlichkeit: Die Kombination von Fett und Zucker weckt zudem Ihren körpereigenen Glücksbotenstoff Serotonin. Eine heiße Tasse Schokolade mit Zimt ist in ihrer euphorisierenden, ja aphrodisierenden Wirkung geradezu ein wahrer Liebescocktail. Ein Bananen-Shake tut's auch. Schöner lässt sich Lebenslust nicht herbeizaubern.

FANTASIEREISE

Nehmen Sie sich einfach mal fünf Minuten Zeit und gehen Sie auf eine Fantasiereise. Setzen oder legen Sie sich entspannt auf das Sofa, schließen Sie die Augen und denken Sie an einen Ort, mit dem Sie eine entspannende Situation verbinden. Versuchen Sie sich beispielsweise in Erinnerung zu rufen, wie ein Lavendelfeld riecht. Tauchen Sie tiefer und tiefer in das Bild ein, nehmen Sie jedes Detail mit allen Sinnen auf, als ob Sie wirklich vor Ort wären. Zum Abschluss denken Sie an ein kommendes Highlight. Sie sind sofort besserer Stimmung und strahlen das auch aus.

TIPP

Entspannungs-Quickies

- Zehentrick: Schuhe abstreifen und Zehen so fest einrollen, als ob Sie mit ihnen etwas vom Boden aufheben wollen. Verbleiben Sie in dieser Spannung zehn Sekunden und halten Sie dabei möglichst die Luft an.
- Genussgähnen: Wer gestresst ist, ist oft auch verkrampft und macht sich körperlich klein. Gähnen Sie deshalb einige Male nach Herzenslust, recken und strecken Sie sich dabei wie eine Katze.
- Power-Luft: Atmen Sie ein, halten Sie mit dem rechten Daumen das rechte Nasenloch zu, atmen Sie langsam durch das linke aus. Beim nächsten Einatmen: das linke Nasenloch zuhalten und durch das rechte ausatmen. Zehnmal im Wechsel.

Zum Nachschlagen

BÜCHER, DIE WEITERHELFEN

Faust, Susanne / Lockstein, Carolin: **Relax!** Der schnelle Weg zu neuer Energie. Gräfe und Unzer Verlag, München

Frohn, Birgit: **Anti-Aging.** Länger jung – länger schön. Gräfe und Unzer Verlag, München

Heufelder, Prof. Dr. Armin / Bieger, Dr. Wilfried: **Das Anti-Aging-Konzept.** Gräfe und Unzer Verlag, München

Ilies, Angelika: **Rezepte gegen Cellulite.** Gräfe und Unzer Verlag, München

Just, Gabi: **Mondbuch für Fitness, Schönheit & Gesundheit.** Gräfe und Unzer Verlag, München

Kirchberger, Horst: **Make up. Die neue Schule.** Augustus Verlag, Augsburg

Klemp, Kathrin / Niemann, Christina: **Easy! Weekends zum Entschlacken.** Gräfe und Unzer Verlag, München

Münker, Dr. Rolf: **Schönheitschirurgie.** Trias Verlag, Stuttgart

Rüdiger, Margit / Häberlein, Sabine: **Fit! Bauch, Beine, Po.** Gräfe und Unzer Verlag, München

Schmidt, Oliver: **Hair! Frisuren, attraktiv & typgerecht.** Gräfe und Unzer Verlag, München

Strunz, Dr. Ulrich: **Forever young – Das Erfolgsprogramm.** Gräfe und Unzer Verlag, München

ADRESSEN, DIE WEITERHELFEN

Deutsche Dermatologische Lasergesellschaft
Dr. Manfred Schmoll
Stau 19
26122 Oldenburg

Deutsche Gesellschaft für kosmetische Medizin
Dresselstraße 27
81827 München

Vereinigung der Deutschen Plastischen Chirurgen
Bleibtreustraße 12 a
10623 Berlin

PERSONEN- UND SACHREGISTER

IMPRESSUM

Die Autorin
Silke Amthor arbeitet als freie Journalistin mit den Schwerpunkten Beauty, Wellness und Medizin für verschiedene Zeitschriften wie Bunte, Cosmopolitan, Elle, Marie Claire und Shape. Sie hat bereits mehrere Bücher veröffentlicht.

Redaktionsleitung: Doris Birk
Redaktion: Silvia Herzog
Lektorat: Regina Carstensen
Gestaltung und Layout: independent Medien-Design
Herstellung: Renate Hutt
Satz: Bernd Walser Buchproduktion, München
Repro: Repro Ludwig, Zell am See
Druck und Bindung: Stürtz, Würzburg

ISBN 3-7742-3233-4

Auflage:	4.	3.	2.	1.
Jahr:	2004	2003	2002	2001

Fotoproduktion
Manfred Jahreiß (Stills)
Christophe Schneider (People)

Weitere Fotos
action press: Seite 40 oben; 41 oben und unten; 42 oben, 43 oben und unten, 65 li., 70. Bavaria: Seite 48. Bernd Böhm: Seite 29 (Interview M. Möller). Sabine Brauer: Seite 40 unten. Bunte/Skoruppa: Seite 65 (Interview S. Duve). Michael Donath: Seite 21 (Interview E. Pflips). GU: Klappe hinten Mitte, Seite 63 oben, 79, 89 (alle Manfred Jahreiß); Seite 26 und 29 li. (Reiner Kaltenbach); Klappe hinten li., Seite 8, 47 oben, 51 re., 53, 76 (alle Michael Leis); Umschlag vorn li. und re, Seite 2 (Nicolas Olonetzky); Umschlag vorn Mitte (Tom Roch); Innenklappe hinten (Paprika, Karotten, Brot), Seite 81, 85 (alle Studio Reiner Schmitz). Michael Hock: Seite 49 (Interview U. Keller-Knobelspies). IFA-Bilderteam: Seite 59. Jahreszeiten-Verlag: Innenklappe vorn unten (L. Matzen), Seite 13 (Guido Bertram), 50 re. (B. Klemt), 61, 69 (B. Leinders), 73 (H. Gerth), 87 (Ulli Heiser), 91 (M. Brandis). jump: Seite 7 und 31 unten li. (Kristiane Vey). Michael Leis: Seite 25 (Interview H. Kirchberger) und 62 unten. Mauritius: Seite 44, 47 unten, 56, 67. People Image: Seite 42 unten (Gisela Schober). photonica: Innenklappe vorn oben (Noerv Takizawa). Reinhard-Tierfoto: Seite 55. Springer Nachdruckdienst: Seite 75. StockFood: Innenklappe hinten oben li. (Sojabohnen, Michael Brauer), Seite 31 unten re. (Martina Urban). Stock Market: Seite 39. Tony Stone: Seite 35 (Michelangelo Gratton).

Umwelthinweis
Dieses Buch wurde auf chlorfrei gebleichtem Papier gedruckt. Um Rohstoffe zu sparen, haben wir auf Folienverpackung verzichtet.

Die **GU-Homepage** finden Sie im Internet unter **www.gu-online.de**

DAS ORIGINAL · MIT GARANTIE · GU

Das Original mit Garantie

Ihre Meinung ist uns wichtig. Deshalb möchten wir Ihre Kritik, gerne aber auch Ihr Lob erfahren. Um als führender Ratgeberverlag für Sie noch besser zu werden. Darum: Schreiben Sie uns! Wir freuen uns auf Ihre Post und wünschen Ihnen viel Spaß mit Ihrem GU-Ratgeber.

Unsere Garantie: Sollte ein GU-Ratgeber einmal einen Fehler enthalten, schicken Sie uns das Buch mit einem kleinen Hinweis und der Quittung innerhalb von sechs Monaten nach dem Kauf zurück. Wir tauschen Ihnen den GU-Ratgeber gegen einen anderen zum gleichen oder ähnlichen Thema um.

Ihr Gräfe und Unzer Verlag
Redaktion Gesundheit
Postfach 86 03 25
81630 München
Fax: 0 89 / 4 19 81-1 13
E-Mail: leserservice@graefe-und-unzer.de

Wichtiger Hinweis
Dieses Buch wendet sich an alle, die sich ein junges Aussehen möglichst lange erhalten und gezielt Alterserscheinungen in den Griff bekommen wollen. Die vorgestellten Behandlungsformen entsprechen den neuesten Forschungsergebnissen, die Ratschläge sind sorgfältig recherchiert. Ein sichtbarer Erfolg ist abhängig vom individuellen Zustand der Haut sowie von dem allgemeinen Gesundheitszustand. Weder der Verlag noch die Autorin können eine Garantie dafür übernehmen. Wenn Sie sich für einen ästhetisch-chirurgischen Eingriff entscheiden, sollten Sie sich über etwaige Nebenwirkungen und Risiken informieren, die abhängig von Ihrer persönlichen Konstitution verschieden sein können.